結婚できるかな？

sayaka sugiura
杉浦さやか

祥伝社

滝修行ことはじめ

「婚活」が叫ばれる昨今――。
独身同業者に囲まれ、イマイチ危機感の足りない
独身イラストレーター、37歳。
20代をあまりに能天気にのびのび過ごしてきたため、
みんながその頃に味わった恋愛の苦悩や迷走を、
周回遅れでフレッシュに体験中でした。

仕事や友人関係はますます充実して
楽しい日々を過ごす反面、
30歳を過ぎた途端、なんだかしんどい恋愛ばかり。
結婚はしたいのに、なかなか運命の人に出会えない。
「自分になにが足りないのか」
自問自答を繰り返す日々。

しかしいよいよ見えてきた、40代の壁。
「いつまでも、自分を探している場合ではないッ」

20代
仕事に夢中。
結婚なんてまだまだ
30代前半
まだのんき。
結婚に至らなそうな
恋愛に邁進ー
いずれは結婚したいけど……

そんな時に舞い込んだのが、
「恋愛」をテーマにした連載のお話でした。
恋愛トークは大好きだけど
冷静に取り扱う自信がなく、
あまり書かないようにしてきた題材。
けれどよくも悪くも、今一番頭の中を占めているのは
「恋愛&結婚」という人生の一大事。
この機会に、本気で取り組んでみようではないか。
自分探しの最終章を公開して、自分を追い込もう——
ということで、決めたタイトルが「※レンアイ滝修行」。
裸一貫出直すつもりで
私は雑誌『Feel Love』の編集長に、
「最終回は私の結婚式です！」と宣言したのでした。

雑誌の発刊に合わせた、4カ月に一度の
ゆっくりペースの修行がはじまりました。

 ※連載当時のタイトル

もくじ

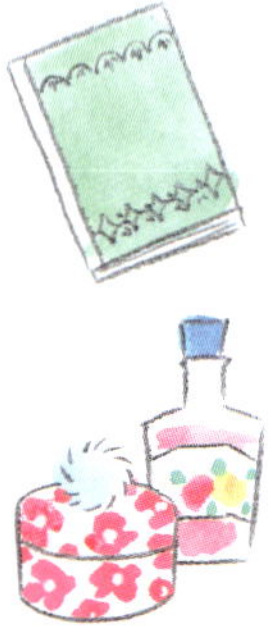

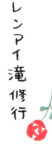

◆なれそめコラム◆

レンアイ滝修行

「そろそろ本気で人生の伴侶を探さなければ！」
決意したはいいけど
パタッと出会いがなくなり、
たくさんいた独身友達もひとり減り、ふたり減り——。

そこで頭にちらつくのが、「婚活」というムーブメント。
自己啓発セミナー、出会いイベント、自分磨き……？
おっかなびっくり気は進まないくせに、
やっぱり気になる世界。
取材を通して、ちょっぴり覗《のぞ》いてみました。

そしてまわりの諸先輩方から、
なれそめ話を根掘り葉掘り聞いたり、
自問を重ねたり。
自分なりの「婚活」に取り組んだ、
1年半のお話です。

1 決意の滝修行

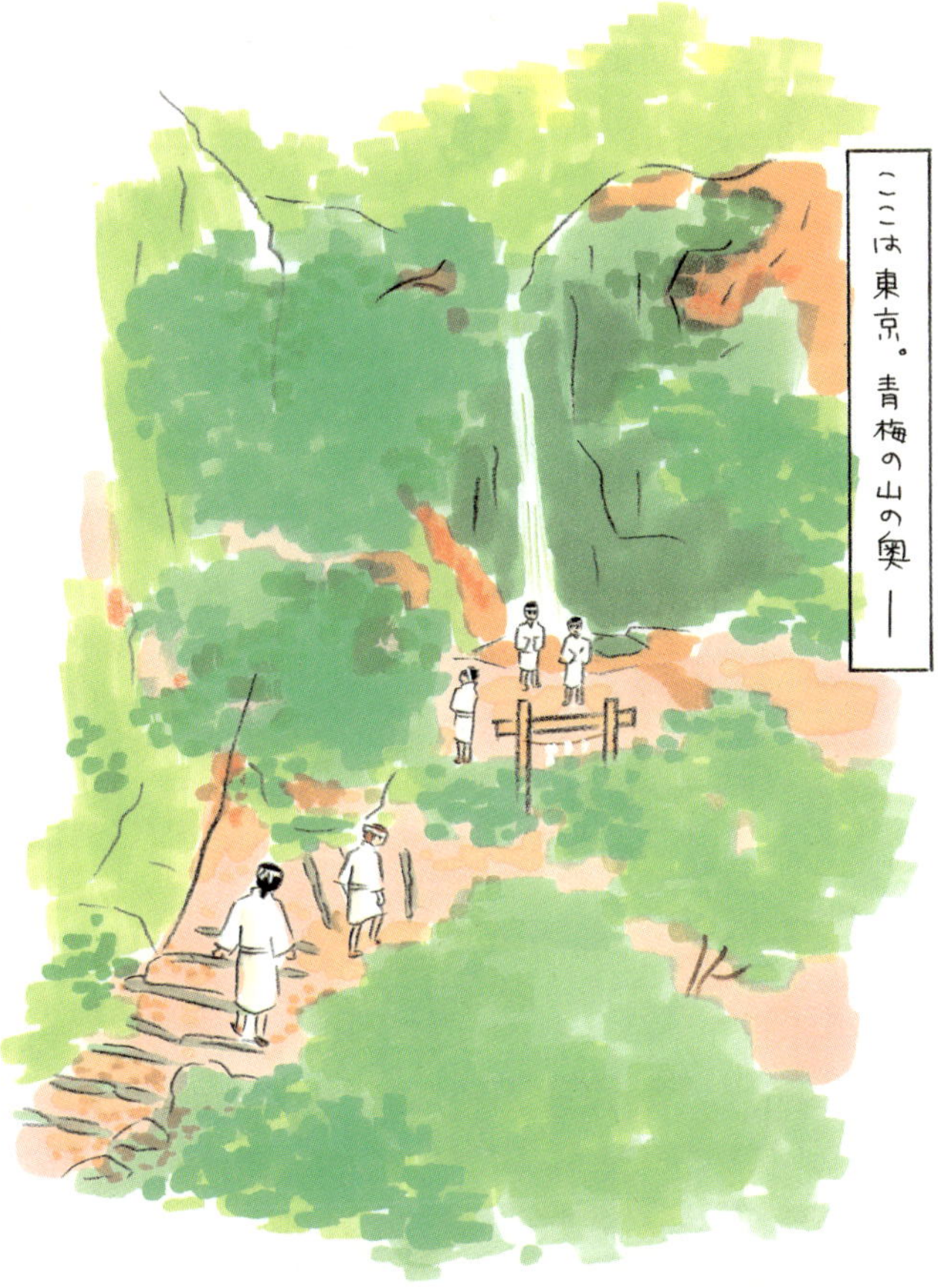
ここは東京。青梅の山の奥―

「タイトル通り、滝修行とか行っちゃいますか」と軽く言ったひと言が、現実のものとなりました。第1回は「滝修行」。編集長と担当編集嬢とともに、みそぎをしてまいります！

　東京郊外の青梅《おうめ》市、御岳山《みたけさん》。古くから霊山として崇《あが》められていた山で、山頂の「御嶽神社」周辺には20軒ほどの宿坊が並んでいます。住人の三分の一が神主さんのお宅なんだとか。お世話になった「静山荘」も、神主さんが経営する宿坊。

　滝へは、山道を歩いて向かいます。私たちのほかに、ひとり参加の女性がふたり。何度も来ているベテランの40代女性と、30代女性。滝行マスターたちが颯爽《さっそう》と歩く後ろを、ヨタヨタと続くデスクワーク3人組。しんどいけど、緑が気持ちいい。ふと見上げると、雨あがりの山に大きな虹がかかっていました。これは、幸先がいい。

　30分ほどで「綾広《あやひろ》の滝」に到着。あずまやで、白衣にお着替え。男子はなんと、ふんどし一丁！　ふんどし初体験のM氏はうろたえ、ずっと「ヤバい……腹が、しりが……」となっていました。

滝行の流れ
一 午後3時。
30分ほど呼吸法と
瞑想をして、
精神統一。
ゆっくりと腹式呼吸
楽なパンツがあったほうがいい。
ジーンズじゃキツかった。…
二 貸し出された白衣一式を
リュックにつめ、山道を歩いて
滝に向かう。
ハァハァ
リュックを忘れ
ひとりタウン仕様
なM編集長。
そしてすごい息切れ
山野草がカワイイ
持ちもの
透けるかも…と用意した水着は不要でした
白衣
持参のタオル
三 滝の入口のあずまやで着替え。
シートを張って、見えないように。
下はスッポンポン。
3枚重ねるから透けない。
民族衣装みたいでおしゃれだぞ
アクセサリーは流されるのではずす。
1
2
3
上っぱりを着て
腰ひもで
しばる。
ヨッシャ！
ハチマキ巻いたら、
完成！

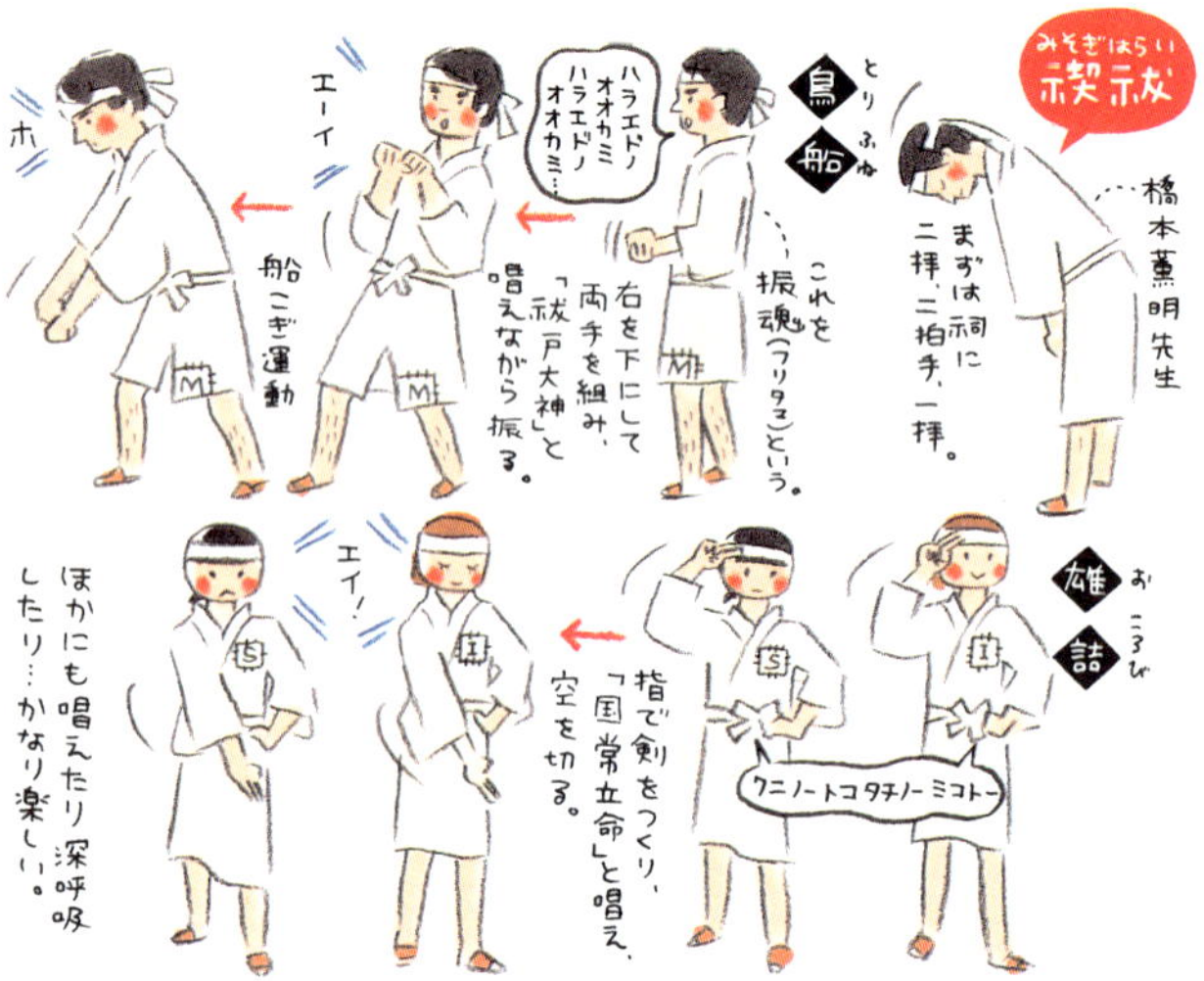

まずは神主の橋本さんが滝の神様に祝詞《のりと》をあげます。準備体操（禊祓《みそぎはらい》）をして、いよいよ入滝。1回目は合図を出してくれるので、そのタイミングで滝から出ます。ヒーッ、滝のところまで歩くだけで、冷たい！　外から見るとそんなに激しく見えない流れも、実際当たってみると、圧倒的な滝の強さになすすべがありません。さらに水から出たあとの、身を切られるような冷たさが一番つらかった。

2回目は「自分のタイミングで出てください」と言われたことを忘れ、ずっと合図を待ってしまいました。「早く〜」と願うだけで、集中力、ゼロ。3回目は希望者のみ。ベテラン女性のあとに、なんとふんどしM氏が続いた！　この時、M氏は無になれたのだそう。水の冷たさも、感じなかったと。あるがままの滝を受け入れた彼は、なにかをつかんだ様子。決死の覚悟でふんどしをしめたかいがありました。

水とひとつにはなれなかったけど、達成感を得ることはできました。緑に囲まれて、滝のそばにいるだけで、かなりさっぱりしたみたい。

いよいよ滝へ！

エイ！

入る前に、雄詰と同様に、空を切って気合いを入れる。

仕事とはいえ、エライなぁ…

腰の高さにあるでっぱりにおしりをくっつける。

最初に滝に入る時間は、10〜15秒。

橋本さんは、滝行歴30年！

やる人も待つ人も振魂。魂を活性化させるのだそう。振っていると不思議と落ち着くのだ。

I嬢第一回入滝
あまりの必死の形相に、笑ってしまい、ブレブレ。寸前まで、こんなにはしゃいでたのに…
△◎☆□♡×○〜〜
サーヤ第一回入滝
冷たーい!!
→高速振魂中！

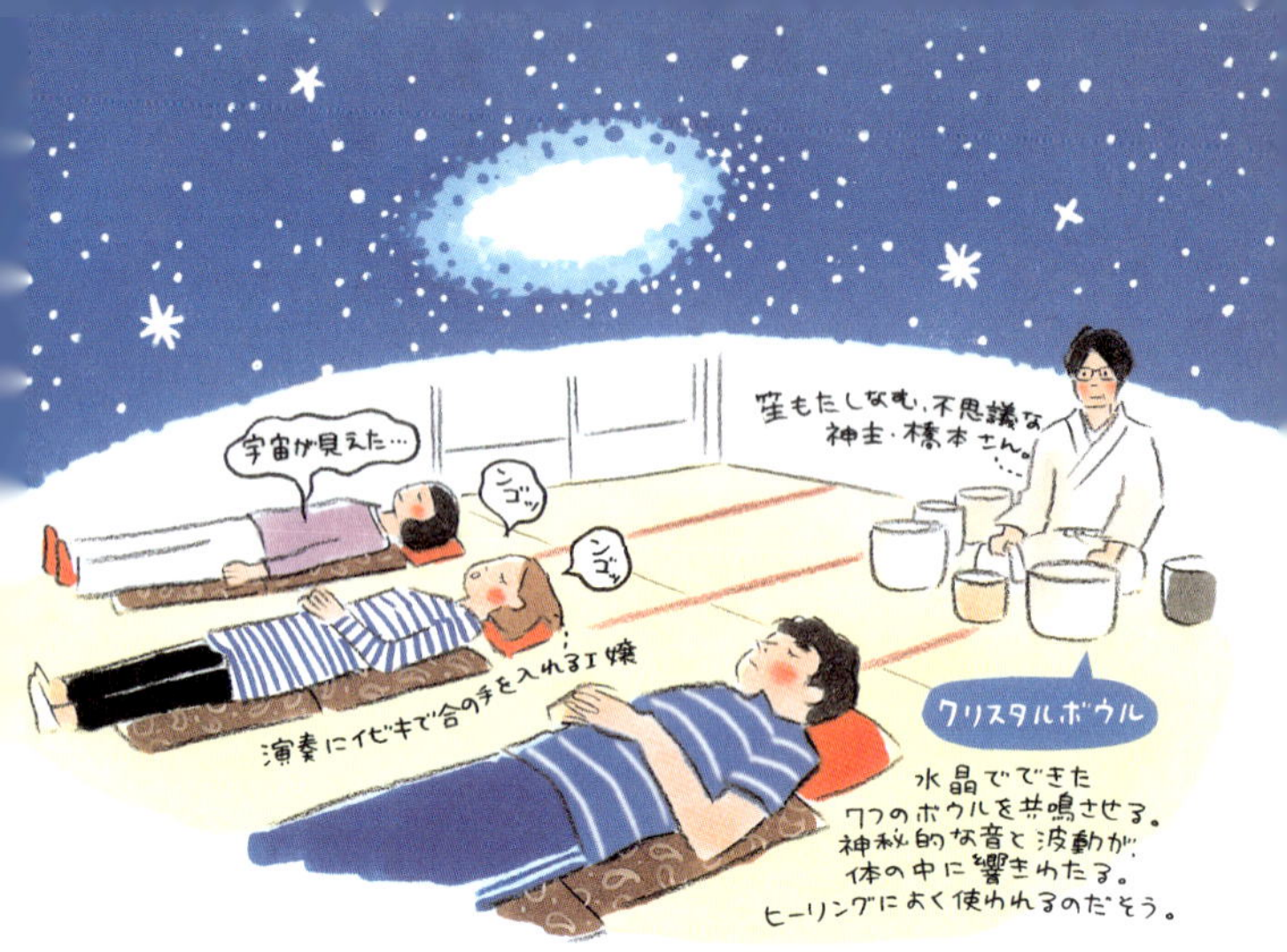

夜はたっぷり1時間半のヒーリングタイム。静山荘では滝行を苦行ではなく、呼吸法や瞑想《めいそう》とあわせた「癒《いや》し」として、独自の講習を行っています。しかし……眠くて呼吸法が続かない。滝行って体力を消耗するんだなぁ。

翌朝は6時半からスタート。山道を歩くだけで心がどんどん晴れていきました。木漏れ日が降りそそぎ、夕方とはがらりと違う雰囲気。朝の滝行、最高！　滝にも、ずっと落ち着いて入ることができました。なにかがつかめそう。カモン3回目！　とはりきっていたら、「では、戻りましょうか」と橋本さん。えっ?!　今日は2回だけなんだ……。後ろ髪を引かれながら、滝行は終了。

宿に戻って入浴、朝食。お腹がぺこぺこで、こんなにおいしく朝ごはんを食べたのは久しぶり。食後はふたたび、睡魔との闘いのヒーリング。最後まで、呼吸法は会得できなかった……。帰る前に、橋本さんになぜ3回目がなかったのかを聞くと、「希望すれば、やってもよかったんですよ」。なんだー。心残りもあるし、滝行はまたやりたいな。今度

は、私もなにかを悟れるかしら。

　きれいな空気の中に身を置いて、すっかり気分もリフレッシュ。なかなかいいみそぎになったのでは。下山前に御嶽神社に寄って、シメのおみくじを引くと――凶でした。真っ白になった私に、やさしい神主さんが俺流解読をしてくれました。

「心定まらず女（男）の為に苦労多からず」→「やさしい男に気をつけろってこと。それだけじゃだめなんだよ」ギクッ。ずばり、そうかも。「末々、居住を失ふ難事あるべし」→「両親が心配してるから、結婚しろってことだね」……そうなの？

　しかとお言葉、受け止めました。落ちるとこまで落ちたら、あとは這《は》い上がるのみ！

なにひとつ具体的なイメージを
持たぬまま、やみくもに
念仏を唱えるだけのスタート。

2 秋の占いまつり

草木も眠る、丑三つ時ー
ここは東京ドーム天然温泉「スパ ラクーア」。
担当I嬢
2009年9月ー
すぐ隣の遊園地の開園時間中は、ジェットコースターの叫び声がBGMの露天風呂。

滝修行で身も心も研《と》ぎ澄まされた私が次に目指したのは、「占い」。恋愛運のゆくえを占ってもらいます！

一度受けてみたかったのが、「Sの母」。街角で手相を見続けて50年の母は、現在は土日※のみの鑑定。始発前には並ぼうと、水道橋の「スパ ラクーア」で夜明かしすることに。

温泉に湯上がりビール、レディースルームで優雅に仮眠。楽しい夜に、危うくこちらがメインになりそう。午前4時半に、タクシーで新宿へ。私たちは二番乗り。5時過ぎから人が並びはじめ、整理券配布の6時で16人に。始発でも、まったく大丈夫でした……。

そして開始の7時に、おじさんに付き添われた母が、にこやかに登場。御《おん》歳《とし》80近いはずだけど、足取りは軽やか。一番手が15分ほどで済み、さぁ私の番！「仕事は向いてるね。芸術家

※「Sの母」の街頭鑑定は、現在お休み中です。

Sの母
場所は某百貨店手前の銀行の前。
母からの注意書き
AM 4:30
行列開始
14歳の差などものともせず、恋バナに花を咲かせるI Sコンビ。
S
I
突如ギャル系の姉さん、登場。アッシー（死語）風の彼は、並ばされてるだけだった……。しかも2時から！
AM 6:00
整理券配布
マネージャーらしきなぞのおじ様…
ハイ 一番ね。
一日40枚限定の券は7時には札止め。最後のほうは11時の鑑定。
母は右手で見る。左は過去、右は未来を表しているのだそう。以前別の人は「右は公、左は私」と左手で見てたんだよなぁ…？
感情線と頭脳線の間の×は「運を寝て待つ」ラッキーな相。
太陽丘が赤味をおびていると、恋が間近！
AM 7:15
鑑定！
'09年10月から幸運期。3カ月か半年付き合って、ホラ結婚だ。あんまり長く付き合わないよ。歳が歳だからね。子どもは2人。
友達の紹介ね。自分じゃロクなの見つけられないんだから。
ハイ…
圧倒的に女子が多い！並んでるうちにおしゃべりして、一体感が生まれ……つくづく行列好きよね、東京人！
帰国子女の彼女は仕事の相談。かなり食い下がったようだけど、ちょっと不完全燃焼。

の線だよ」。噂《うわさ》通りの小声&早口で、聞き取るのが精一杯。ともかく、結婚運を見てもらう。「ここ（右頁参照）が赤くなっているから、出会いはもうすぐ」。末広がりの線が出ていて、「晩婚でよかったんだよ」と心強いお言葉。穏やかな母は安心感はくれたけど、つっこんだことはよくわからなかった。時間は9分。鑑定料5千円だから1分555円かぁ（セコい）。イベントとしてはかなり楽しめました。

2つ目は占い居酒屋。編集部の面々と4人、飲み会気分で出かけました。平日なのに青物横丁《あおものよこちょう》「S」は大盛況。占い目当ての女子グループが多く、店主のおばちゃんが順番にテーブルをまわっている模様。紙に名前と生年月日、父方のお墓の場所を記入。しかし全然、順番がこない！ ようやく登場したおばちゃんは開口一番「この中にどうしてもご先祖が見えない人がいる」――それはまんまと私。「お墓に行ってないでしょ」と言われる。心の中では他界した父に、話しかけてるんだけどな。見えない場合は、20分はかかる計算で編み出すので、明日電話するように言われる。ぐったりと、4時間もい

た店を出ました。

翌昼言われたこと——物が多すぎるから、身軽になること。今年、来年は前に進める年で、チャンスがたくさん。私は庇護《ひご》されたいほうだから、仕事は食べさせてくれる相手が出てくるまでと考え、婚活に全力を注げ。えー、仕事にも全力注いじゃ……ダメ？「寂しくなったら店においで」とやさしく言われ、しんみり。

最後はメインイベント！　星占いサイト「筋トレ」を主宰する石井ゆかりさんに、特別に対面占いをしていただきました。友達に教わって以来、更新日を楽しみにすること1年。その内容は詩のようで、受け手によってまったく変わりうるもの。なにより悪いことを書かないのが好き。惑星が味方のように感じられ、星占いってやさしいものなんだなぁ、と見方が変わりました。

作ってもらったホロスコープの解説を伺《うかが》う。そもそも、例えば「乙女座」というのは、生まれた時に太陽が乙女座にあったことを指します。ホロスコープではさらに生まれた時間や場所によって、惑星

の配置を細かく読んでいきます。だから星座はざっくりした種類分けみたいなもの。

私は乙女座に星が集中していて、水の星座がひとつもない。乙女＝地の星座特有の養分はたっぷりあって、人を育てたり導いたりするのが得意。反面ドライな面がある（友達に「なんかわかる」と言われた）。運勢的に6年ほどがちゃがちゃしていて、特にこの2年は人生の筋トレをしていたのだとか。うーん、まさにそう。「来年’10年に結婚、出産の部屋に木星が来て、流れにふくらみが出ます。キメちゃってほしいところ」。キメますとも！

3つとも、とにかく来年はとてもいいとのことで、とりあえずよかったー。しかし立て続けに受けすぎて、満腹飽和状態。占いは、ほどほどに。そして進む方向のヒントとして、うまく付き合っていきたいものです（自分に言ってる。すぐ振りまわされるので……）。

なれそめコラム 1

山の恋

←父
出会いのハイキングのひとコマ。
お弁当食べるにもこの距離！
まるっきり子どもな18歳。

昔から、なれそめ話を聞くのが大好きでした。小学校低学年の頃、兄が母の誕生日に半生の絵物語を描いてプレゼントしたことがありました。母本人にインタビューして描き上げたわけだけど、その時に両親の出会いを初めて知って、驚きました。そんな話はテレビや本の世界の中だけだと思っていたのに。しばらく友達のお母さんのなれそめにも興味を持ったっけ。

母が父と出会ったのは、女子大に入学してまもない6月。ある日曜日、同時に2つの合同ハイキングに誘われた母。昭和30年代半ば、〝合ハイ〟は健全な男女学生が交流できる、数少ない場でした。ひとつは母が所属するコーラス部と、近隣の大学のコーラス部の合ハイ。一方は教授に誘われた、同じくその大学のワンダーフォーゲル部のハイキング。母が選んだのは、コーラス部の合ハイ。コーラス部は華やかな女子が多く、「まともな服を着てかなくちゃ」とたんすの中をひっくり返しました。当時家庭教師をしながら自分で学費を払っていたくらいだから、見栄えのする服なんて一着もありません。地元の商店街をうろうろするも、予算が足りず……。店をまわるうちに自分が浅ましく思えてきた母は、おしゃれしなくてもいいワンゲル部のほうに予定を変更。

そのハイキングのメンバーの中に、父がいました。その日は6人の男子学生しかいなかったけど、父は200人の部員を率いる、4年生のワンゲル部長。当時の3つの年の差は大きく、ただ「えばった人だなぁ」と思っただけ。部員に「おやじ」（山言葉で熊のこと）と呼ばれ、もっさりイカツい父は、なかなか威厳があったよう。

まだワンゲル部のある大学は少なく、学生同士のネットワークを作りたかったようで、会うなり「おたくの女子大にワンゲル部を作りなさい」と勧めてきました。高校の林間学校で白馬に登り、登山のすばらしさが忘れられなかった母は、すぐにその話にのりました。父は2年生の時に仲間たちと部を設立した経緯もあり、母の大学で説明会を開いてくれました。集まったメンツで、創部前に合同で登山をするうちに、突然個人的に誘われるように。尊敬はしていても、恋愛感情はなかったという母。断るのもはばかられ、何度かお茶を飲むうちに、父は卒業をし、就職で他県へ行ってしまいました。

2カ月に一度ほど帰省していた父は、帰るたびに母をデートに誘いました。それまで一切モテたことがないというお堅い母は、やはり好意を持たれたことがうれしかったのと、父のおもしろさややさしさがわかるようになり、遠距離恋愛に発展。母が4年生になった時点で父が地元に戻ってくることが決まり、在学中の秋に結婚しました。実家を早く出たかった母と、寮生活に嫌気がさしていた父の利害が一致したそうな。

「もし洋服が手に入って、コーラス部の合ハイに行ってたら、お父さんとは出会わなかったわねぇ」と感慨深げ。昔は「それが運の尽き」みたいなことを冗談めかして（いや、本気？）言っていたけど、6年前に他界してすっかり仏さんになった父相手だと、「すばらしき運命」だったようです。

なんのための
みそぎ…？

せっかく滝に打たれたのに、

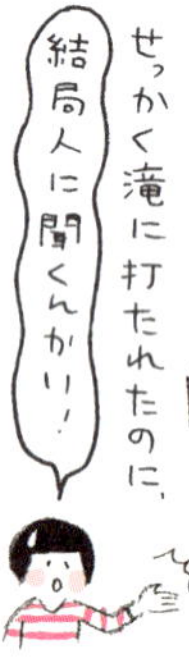
結局人に聞くんかい！

滝行↓占いという流れに、
その迷走っぷりを露呈したのでした。

3 レンアイ・スキルアップ

恋愛系の自己啓発本から知った「コーピング」は、〝認知行動療法〟をもとに、自分の感情をコントロールする技術。心のひとり言（セルフトーク）や自分の行動を書き出して心の癖を知り、それを変えることで実力が発揮できるようになる、メンタルトレーニングです。

コーピングを恋愛と結婚に応用したセミナー※が開催されていることを知り、興味津々で参加してきました。

コーピングの技術を最初に「結婚」に応用したのは、主催者の方のビジネスパートナー・Nさん。彼女は結婚を目標にコーピングをしたところ、たった4ヶ月で旦那様と出会ってしまったのです。その秘密を知りたいッ。いざ、会場へ！

まずは「なぜ結婚したいか」をはっきりさせます。正直に自分の気持

※参加したセミナーは、現在開催されていません。

ちを出すことが大事だけど、「自分を変えるためではなく、変えてから結婚しましょう」という講師の方の言葉が印象的。

そしてセルフトークのレッスン。今朝起きた時に心の中でつぶやいたことを、隣の人と話し合います。「寝坊した！」「会議が嫌だな」など、人さまざま。セルフトークを書き出して、マイナスなトークをプラスの言葉に変えていくのです。よいセルフトークを重ねると、表情、空気、印象がまったく変わってゆくそう。

セミナーがおわる頃には参加の皆さん、やる気に満ちたよい表情に！

一度覗いてみたかった、結婚相談所。自身も相談所で結婚した、篠田《しのだ》夫妻が運営する「ライフ&バリュー」。少人数制で細かく目を配り、1年以内の結婚を目指します。昨年の成婚は35名中13名！

まずは名刺の「35歳、彼氏彼女いない歴3年は危険！」という一文にドッキリ。人間は習慣の動物だから、同じ生活を続ける限り変わらないもの。それが「日曜にお見合いがある」と、気持ちが全然違う。美容院や買い物、意識と行動が変わり、お見合い以外で縁が生まれることもあるのだとか。

40歳前後で未婚の人は、課題を持っていることが多いよ

う。人間性を変える必要はないけど、それを見せるスキルは変えられる。そんな心強いアドバイスももらえるのだとか。

まずは自分の「結婚像」を明確にすること。ぼんやり「ぼちぼちしないとヤバい」と思っているだけで、結婚に求めるものがさっぱりわかってないもの。5年、10年先にどんな生活をしていたいか。ひとりでいるなら、しっかりその想定をしておく。「結婚を考えることは、人生を考えること」篠田さんの言葉が身に染みました。

最後は杉浦たっての希望、笑顔レッスン。私は豪快に笑うことは多いけど、初対面の人に「ほほえむ」ことができない。緊張でどうしても顔がこわばってしまうのです。しかし、モテの最大の武器は「笑顔」です！

お邪魔したのは、フリーアナウンサーの倉島《くらしま》麻帆《まほ》さんの「話し方・コミュニケーションセミナー」。5回コースのうちの「笑顔インパクトの作り方」を体験。15名ほどの受講者は男性看護師にそば屋のおかみさん、会社員など職業もさまざま。

人は笑おうと思うだけで、脳から快楽ホルモンが出る。すると免疫力が高まり、自律神経が整い、気持ちが元気になる。だから最初は、つくり笑顔でもいいのです。笑顔を見るほうも、血行が良くなり体温が上昇→相手を好きになる。笑顔を向けられると「この人は味方だ」と安心するもんね。

笑顔レッスンのあとは、隣の人とほめほめ合戦。相手をほめ、ほめられたら素直に受け取る練習をします。そういえば倉島さんと対面した時、笑顔で「わぁ、お若い！　婚活なんて必要ないじゃないですか」……一発で好きになっちゃうもの。

さて恋愛力は、アップしたのでしょうか？　実践編へ続く！

結婚「したい」じゃなく「しなきゃ」だったんだな、今までは……
ようやく「イメージする」ことをはじめた、"結婚"というもの—
↑自問ノート

4 あいのり♡田植え編

ここは福島、5月の水田ー
あぜ道を歩くのは、妙齢の男女。

婚活産業華やかなりし昨今、出会いの場は、パソコンを開けば山ほど用意されております。料理合コン、屋形船パーティー、神社好きの男女が集まる、ご開帳ツアー。そんな中でたどり着いたのが、「田植えツアー」。5月の水田で、裸足になって泥にまみれる……やりたい！　婚活云々《うんぬん》より、好奇心から飛びついた企画でした。それに「本格イタリアンを作る」や「いちご狩りツアー」より、どんな男性が来るのか興味あるし（後付け）。

土曜の朝8時、新宿西口の大通り。さまざまなバスツアーの集合場所を抜けて進むと、妙齢の男女が静かに集う群れを発見。

バスには女性からひとりずつ、窓際に座っていきます。男性も乗

ってきた順に自由席の模様。目を伏せて、誰かやってくるのを待つ。「どうも。よろしく！」私の横に座ったのは、40代半ばの背の高い男性でした。期待と不安が渦巻《うず》く中、バスは出発。

前から順に自己紹介のあと、隣の男性と仕事や趣味のこと、当たり障りのない会話をつないでゆく。男性が隣や前後でシャッフルして、3回の席替えがありました。自分の話ばかりする人、隣の女性が口をきいてくれなかった、と延々愚痴《ぐち》る人、目を見てくれない人。なぜか40代ばかり。最後は最年少の24歳。その年代なら、掃《は》いて捨てるほど出会いはあるだろうに。単に田植えがしたかったのかしら。

私たちを迎えてくれたのは、福島県で完全自然の合鴨農法で米作りに取り組む、農家グループの面々。手作りの豚汁とおにぎりの昼食を食べつつ、ここでも親睦を深めました。

作業服に着替え、13時半から田植えのスタート。かなりラフな格好になって、ぐっと打ち解けやすくなりました。家が近所なことが判明したWくん（33歳）と、水田へ。普通におしゃれだし、「田植えに

来てます」とポーズをとる人が多い中、「席替えをもっとしてほしい」と素直に言う彼に、好感を持ちました。

男女交互に並んで、いざ田植え。思い切って泥の中に足を入れると、おお！　あたたかくて気持ちいい。しゃべりながらのんびりやる私たちとは裏腹に、反対隣のKくんは黙々と田植え。速い速い。思わず「マイスター」の称号を贈った彼は、私と同い歳で同じ杉並区育ち。出身もなじみ深い都立高だったので、思わず「わー、○○ちゃんって知ってます？」と聞いてしまいました。彼の微妙な表情を読み取ったので、地元トークはそこそこに。

苗がなくなると、おじさんが

ポーンと投げてくれる。しかし私は、下の替えを持って来ていない。「待って、投げないでー」という叫びもむなしく、飛び散る泥……。あのスリル満点の瞬間が、一番楽しかったかも。

2時間ほど、かなり真剣に田植えに取り組みました。それがすごくよかった。田植えもそこそこで、フリータイムだの告白タイムだのがあったら、全然違う雰囲気だっただろうな。もっと濃いカップリングツアーもあるのだろうけど、自然な感じで安心できました。2つの水田の田植えを終えて、泥んこの足のままおやつのキュウリをかじる。この頃には、だいぶなごやかなムードに。

足を洗って着替えて、1時間ほど懇親会。特に席替えもなく、ゆるい感じでビールで乾杯。私はマイスターKくんとおしゃべり。つい、近い人にばかり寄っていってしまう。育ちの近いKくん、家の近いWくん。この日はふたりと話しただけで満足で、ほかにあまり広げようとしなかった。帰りはみんなぐったりで、席替えはなし。私の隣は、アパレル関係のAさん（30歳）。公務員に整体師に会社員、普段

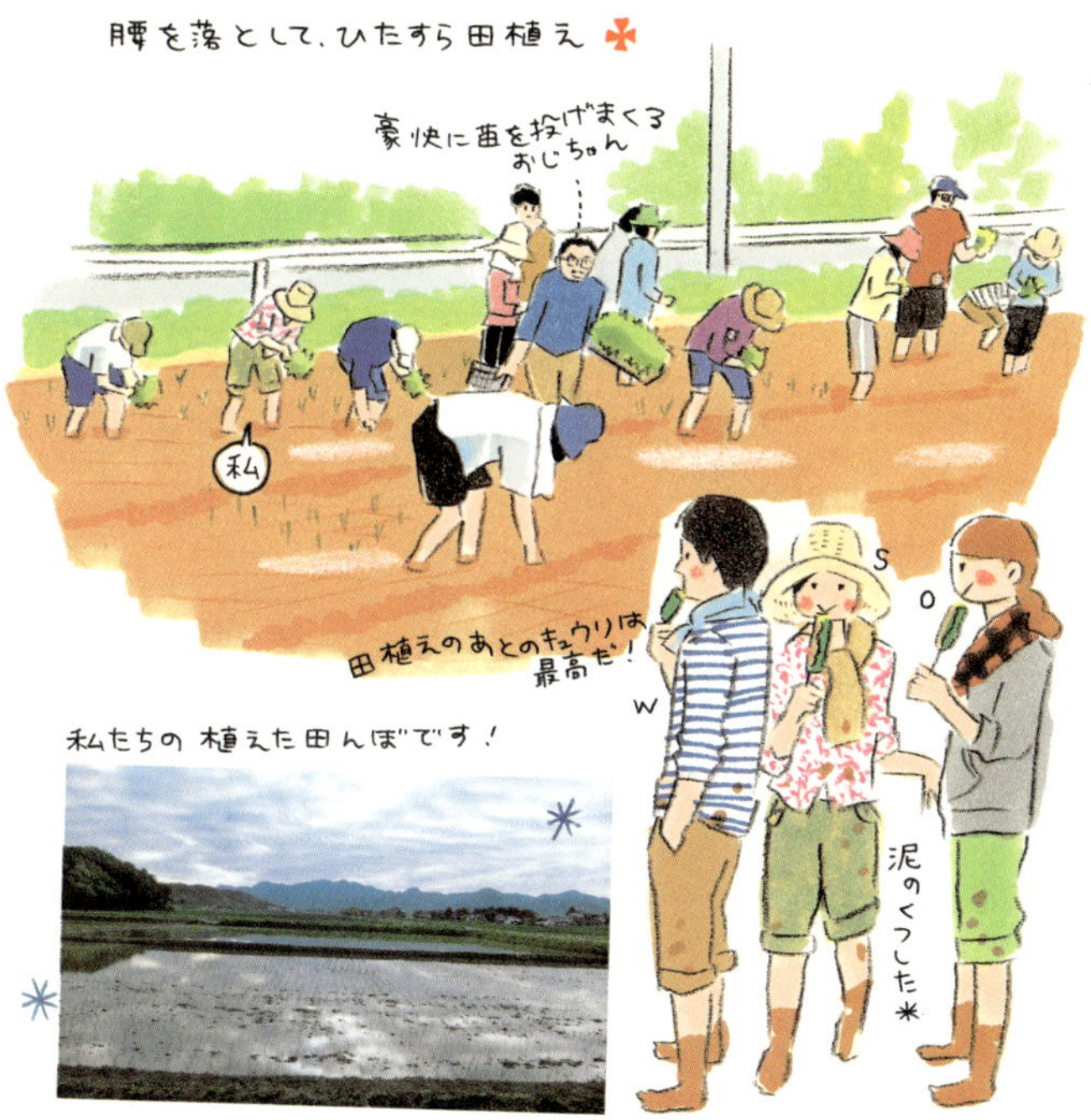
腰を落として、ひたすら田植え
豪快に苗を投げまくるおじちゃん
私
田植えのあとのキュウリは最高だ！
S
O
W
泥のくつした
私たちの植えた田んぼです！

触れ合うことのない人たちとの会話で、この日は脳みそがフル回転でした。

　休憩のインターでWくんが声をかけてくれて、Kくんと編集O嬢、何人かで飲んで帰ることに。21時前に新宿に着いて、近くにいた女性を何人か誘ったのだけど、「疲れたので」とフラれてしまった。新たに加わったSくんと5人で居酒屋へ。打ち解けた私たちは、「あいがも倶楽部」を結成。再会を誓って、24時に解散しました。そう簡単に恋人候補とはいかないけど、「また飲もう」と思える友達ができた、楽しい夜でした。

　それでもやっぱり出会いの場の、独特の張りつめた雰囲気は苦手……ということも確認したのでした。

なれそめコラム2

ドラマチックな出会い

2009年春ー
孤独な私のもとに、
届いた1通のメール。
入籍しました。
イエーイ!
区役所前で撮った、
婚姻届提出直前の
ふたり♡
相当うれしかったんだね、
Uくん…。

「出会ったのはどこ?」「シャルル・ド・ゴール空港で」――なんて、おしゃれなセリフ。友人Uくんは30歳の時に、初めての一人旅に出ました。行き先は、映画が大好きな彼にとっての憧《あこが》れの都、パリ。点在する個性的な映画館をまわるつもりで、やってきたのでした。

飛行機が空港に着くなり、さっそくトラブル発生。メトロの券売機を操作しても、切符が出てこない。英語もまったくしゃべれないので、オロオロしていると、日本人の女の子が声をかけてきました。「切符、買えませんよねぇ」ストが行われているらしく、電車が動くのは30分に1本。切符も無用とのことで、とりあえずふたりでパリ北駅まで出ることに。Cちゃんは、パリに住む友達を訪ねてやってきた22歳の大学生。初めてのパリにソワソワしていたUくん。「僕はここからホテルまで歩きますけど、どうですか?」方向が一緒だったので、ふたりで30分ほど歩きました。別れ際に、Cちゃんは「困ったことがあったら、連絡ください」と電話番号を教えてくれました。この時、彼は未来の奥さんに出会ったわけですが、その時の印象は「助かったー」という肩透かしなもの。

旅の最中、バトー・ムッシュ（セーヌ川の観光船）に乗ろうと思い立ち、「ひとりもわびしいから」とCちゃんに電話をかけてみました。出たのは男性。彼女はパリで恋人と合流して、旅をしていたのです。彼も誘ったけど現れず、ふたりで船上散歩を楽しみました。結局パリで会ったのはそれだけ。この時Cちゃんは、待ち合わせ場所で高い台の上に無邪気な顔で立っている彼を見て、「大人なのに、少年みたいな人だなぁ」と印象に残ったのだとか。

帰国後は、Uくんが主宰する映画のイベントに、彼女が恋人ときてくれました。そのうちひとりで現れるようになり、1年ほど過ぎたある日、Cちゃんに告白されました。彼女の態度でなんとなく気づいていたものの、断ってしまったUくん。彼にとっての恋は情熱的な一目惚れだけで、自分から気持ちを伝える恋愛しかしたことがありませんでしたから。

その後も友達関係が続き、何度か気持ちを伝えられました。徐々に「自分の恋愛」を考えるようになり……。好きでたまらなかったはずの恋人なのに、自分を抑えるようになってしまった過去のこと。素朴なCちゃんといると落ち着いて、ありのままの自分でいられる。言葉を飾らずに、言いたいことが言える。「自分がわかっていなかったんだよねぇ」ようやく本当に必要なものが見えた彼は、今度は自分から彼女に告白しました。シャルル・ド・ゴールで出会って2年。それからさらに2年後に、ふたりは結婚しました。

それにしても、何度も告白したCちゃんは強いな。「全然強いほうじゃないよ。いずれ付き合えるって、無意識に引っ張られたみたい」運命ってそんなもんかしら。そう言うと、Uくんは「運命」という言葉がピンとこないよう。「人生は日々の積み重ねで、全部が今いるここにつながっているだけだと思ってる」わー、そっちのほうがカッコいい。さすが、シャルル・ド・ゴールで出会った男なのでした。

何度か飲んだけど、
そのうち自然消滅した
"あいがも倶楽部"でした。

独身の女友達も呼んで、
ワールドカップ観戦会とか、
したけれど……。

5 決意の神頼み

ボーン
ボーン
朝の静寂に響く古時計の鐘の音ー
ここは世田谷、「月読寺」。
2010年10月ー

1年半に及ぶ修行の総仕上げはズバリ、「神頼み」。心を研ぎ澄ませ、最高のコンディションで臨みます！

そこで身につけたいのが、「瞑想」。1日中頭の中をかけめぐる脳内のひとり言＝思考。自慢じゃないけど、私の妄想力はかなりのもの。ちょっといいなぁと思う人が現れたら、一気に盛り上がるし、ダメモードに入ると地獄の底まで悲観できる。自分の思考に振りまわされるのは、もううんざりです。トキメキだけで暴走して、自分も相手も見えなくなる失敗を続けてきたんですもの。まずは「平常心」だ。

編集O嬢が見つけてくれた、定期的に瞑想会を開いている「月読寺《つくよみじ》」の門をたたきました。日曜日の朝の住宅街。一見すると普通の家のよう(現在は、神奈川県鎌倉市に移転)。

20畳ほどの畳敷きの道場は、開始時刻の9時には定員27名の参加者でいっぱいに。8割は30代の女性。

説法のあと、坐禅を組むところからスタート。両方の足の裏を上に向ける結跏趺坐《けっかふざ》はできないので、半跏《はんか》趺坐……風のあぐらをかく。9時半から12時まで3回、休憩を挟みながら30分程度の坐禅に挑戦。初心者は、呼吸に意識を向けることからはじめます。瞑想の本に書いてある「腹式呼吸」が苦手で、集中どころではなくなってしまうのだけど、普通の呼吸でよいと言われて、ひと安心。

ゆっくりと目を閉じる。家庭から漏れる会話やカラスの声、のんきな音が聞こえてくる。集中する前にまんまと居眠りしてしまいました。気を取り直して2回目は、少し集中できてきた。見透かすように「うまくいかない時は、ああ、うまくいかないね、とありのままを見つめましょう。うまくいってもよろこばず、ただ観察します」と、今の心をそのまま受容することを促されます。

3回目では、心の向きを見る練習。「引力——欲しがっている状態」「斥力《せきりょく》——嫌がっている状態」

どちらに動いているかを常に確認。最後に慈悲の瞑想をして、心の平安を祈ります。「安らかであるように」自分と、近しい人に対して。それから嫌いな人へも祈り、午前の瞑想会はおわり。

持参したおにぎり2個を、坐禅を組みながら30分ほどかけて食べる「食禅」も学びました。目を閉じて、ゆっくり噛《か》みしめる。舌がこんなにまわっているんだな、ごはんって甘いな。〝スーパー早食い〟の私には、かなり新鮮な体験。

瞑想も食事も「自分を観察する」ことがテーマ。感情を無理に止めようとするのではなく、「今は苛々《いらいら》しているんだね」と労《いたわ》るように受け止める。それを繰り返すことによって暴走を止め、平常心に持っていくことができるのだそう。住職の「続けることが大事だから、毎日5分でもよいのです」という言葉が、私の気を楽にしてくれました。思考の洪水を1日に5分だけでも止めることができたなら、とても大きな意味があると思う。

さて。心が穏やかになったところで、レッツ・神頼み！

都内で有名な縁結びの神社といえば、東京大神宮。編集O嬢の知人は、参拝してすぐに旦那さんと出会ったのだとか。そういえば……私も一度だけ来たことがあるけど、1カ月後くらいに彼ができたわ(あっという間に別れたけど)! 果たしてあれはご利益だったのか?

平日の午前中だというのに、妙齢女子が引きも切らない。ネット上などで「午前中しか神様がいない」(なぜ?)とか、「ひとりで行かなくてはいけない」とか、さまざまな伝説が流れていますが、神主さんは「決まりはないですよ。感謝の心を持って参拝してください。生かされていることに感謝して、ご利益はそのあとね」と笑顔で教えてくれました。私の場合は

「神様の前で自分に誓う」というイメージ。だからこそ渦巻く煩悩《ぼんのう》の炎を消して、心を研ぎ澄ませたいと思ったのです。

そして縁結びの総本山、出雲《いずも》大社東京分祠《ぶんし》もはしご。2つのお宮に決意を託し、さぁどう出るか。

「最終回で結婚！」という連載開始当初の宣言は叶《かな》わなかったけど、「恋愛と結婚」について考える機会をもらって、大変有意義な1年半でした。「私は婚活はしない」という結論も出て、スッキリ。将来への心配や妄想にとらわれることなく、自分らしく愉快に毎日を過ごすことが私のしたいこと。結婚する時期は、人それぞれだもんね。まずはいい恋愛を、していきましょう！

ようやくわかってきたかな?

というところで連載終了!

「積極的に"今"を楽しむ」

という結論にようやく着地。

新しくできたこけし仲間たちと
遊んだり、外にどんどん出て…。

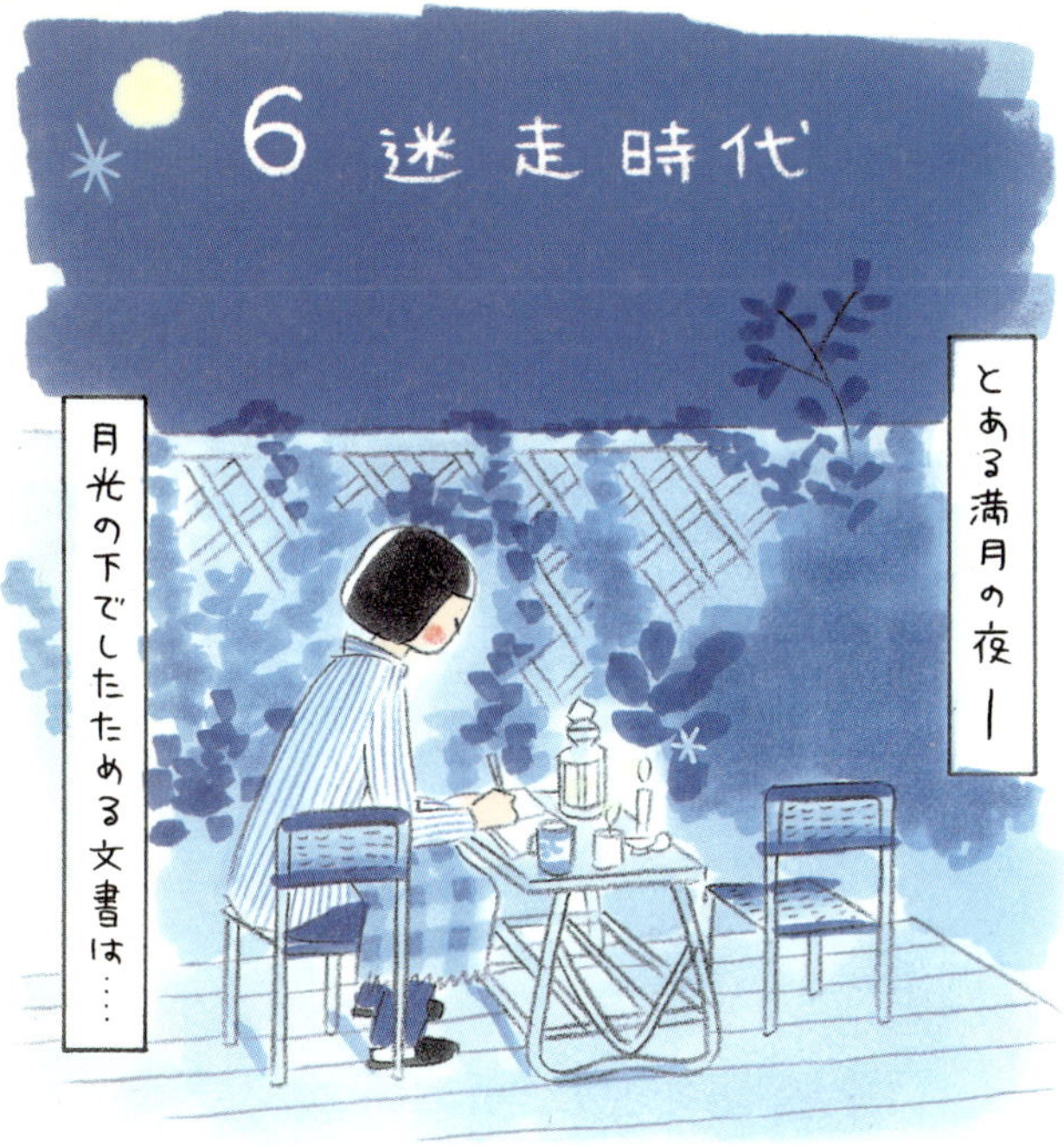
6 迷走時代
とある満月の夜—
月光の下でしたためる文書は……

連載終了間際、M編集長に「連載の成果もないようで……」とからかわれていた私。ところが終了とともに修行の成果があらわれた?! 最終回執筆中に初デート、それから半年足らずで入籍、という電光石火の早業を成し遂げたのです（P55）。

ふりかえれば、「今は彼がいなくてもいいや」とどんと構えていられれば、よっぽど有意義な時が過ごせたのに……。それでもジタバタとあせってもがいたからこそ、見えたものもありました。取材をきっかけに考えたり、チャレンジした修行の数々、恥を忍んで大公開！

満月の夜。自宅の小さな庭で、したためていたものは——「未来の夫」の条件リスト！ 少し前か

新月の願い
メールマガジン(P127)に登録すると、新月前におしらせがくる。
月の生まれる日に、なにかをはじめるとよい、とされることから願いごとを書く。
日付を書き、大切にしまう。
zzz
とらわれないよう、願いは忘れる。
月に一度目標を書くのは気がひきしまり、楽しんでやっていました。
★新月に入って8時間以内に
★手書きで
現在形、完了形で書く。
必ず書いていた一文。叶いましたヨ。
私は38歳のうちに出会い、39歳で結婚します。
この時点ですでに38

ら、友達に教わった「新月の願い」を実行していました。迷走しはじめてから覗いたスピリチュアル系の世界で、「月のパワー」説はすんなり受け入れられたもの。月を見上げるのは大好きだし、月と人間のバイオリズムの関係も、よく聞く話。

「3　レンアイ・スキルアップ」で結婚のイメージを固めることの大切さを痛感した私は、「どんな人と結婚したいか」を明確化することにしました。思い立った日が近かったので、新月と同じくパワーの強い満月に決行！

具体的にイメージできるように、価値観が近いなんてところから、穏やか、家事ができる、お互いの家族をおもしろがれる、ここにはとても書けないはずかしいことまで、事細かに。一気に53個の条件が並びました。これが1年後に結婚した現在の夫と、ほぼ合致していたのです。収入（……）や住んでいた町に住み続けることなどが違いましたが、今となっては気にならない事柄。新月は精神的なカンが、満月は肉体的なカンが冴《さ》えると聞くけれど、動物としての直感が働いたのかしら。

夫像も新月の願いも、ようは「自分を知る」こと。私にはこれが一番必要なことでした。運命の人に出会えないのではなく、「自分に合う人がわからない」ということが最大の原因だと思い至ったから。同じく3の取材をきっかけにやってみたのが、まさに自分と向き合う作業。記憶をたぐり寄せ、それまでの恋愛を分析。相手と合うかどうかを深く考えないで付き合っていたことや、行動のクセがよーくわかりました。

それまでも、私は悩みや反省をノートに書いてきました。考えがまとまって一時的にスッキリはするけれど、悪いことを反芻《はんすう》したり、書くだけで満足したり。建設的とはいえなかった。なにより38にもなって、こんなに自分を知らなかったとは……。

本
図書館でも書店でも、自己啓発本コーナーのあまりの数に――
ウ～ム
みんな、悩んでいるんだね…
友達からも、なにかとまわってくるように。
同業者
イラスト描いたから
たん生日プレゼント―
ガンバレー
文中のDちゃんの2冊は"ご利益本"として仲間うちで回覧。1冊はあの『「婚活」時代』。
ボーッとしてたら結婚できないんだ！
…と戦慄した。

自己嫌悪が渦巻いて、どうしようもなかった時。図書館にかけこんで、自己啓発本を借りまくったことがあります。仕事も手につかず、どうにか気分を変えたくて取った行動でした。『怒りの心理学』『呼吸の仕方』『自分の気持ちがわかる本』などなど。帰って本を並べてみたら、無性《むしょう》におかしくなってきた。５冊並べて携帯で写真を撮り、「図書館で借りた本☆」とメールを送ると、友達は大笑い。ああ、本気で思い詰めたらいかん。

それ以来、時おりその手の本を読むようになりました。気持ちの切り替え方や感情の伝え方など、実際その通りにはできなくても、知ってるだけで心強いこともあるもんね。

37歳の誕生日に、男友達からシャレのつもりで婚活系の本2冊をプレゼントされた友人Dちゃん。この屈辱で火がついた彼女は一念発起。紹介してもらった男性とデートをしたり、本気を出しはじめたところ、仕事で出会った年下男子と、あっという間にゴールイン！　自己啓発本が役立った？　素敵な例です。

昔から、好きな人ができると急に読み出す星占い。迷走時代も、それはお世話になりました。情けないけど、「ぼちぼちこの状況から抜け出せますよ」と言ってほしくて……。熟読のおかげで、自分以外の星座にもくわしくなりました。

タロット占いやリーディングも少々体験。信頼できる友達の紹介だったからか、どれもやってよかった。言われたことやアドバイスをノートに書いて、時おり読み返しました。結婚後に大きなケンカをして、久しぶりに読んだ時も、「その通り！」とハッとしたもの。

振りまわされず、背中を押してもらうために利用するなら、よいスパイスになると思う。

出会いに関しては、積極的に取り組んだほうだと思います。イベントごとにはなるべく参加したし、何人かの男性も紹介してもらいました。性《しょう》に合わないと自覚しつつ、合コンも自らセッティング。でも、やっぱり苦手なものは苦手。知らない人の前だと不自然な態度になってしまい、マイナスからのスタートが多いと自覚していました。

紹介から、少しだけお付き合いした人がいました。よく知らない男性に、「自分」をどう出していいかわからなくなり、本来の姿よりウケを考えてふるまっていたのかも。だんだん出てきた本当の私は、彼のイメージとは違ったようで、あっという間に別れることに（連載の「占い」取材の直前！）。

パーティー 飲み会
酒の席が大好きなので人と仲良くもなれるけど、飲みすぎて出会いどころじゃなくなること、多数。
ガハハー
そして翌日はひとり反省会。
同窓会
この出会いもよく聞くパターン。私はダメでしたが、独身男子の多さに希望を持ちました。
独身の奴、前に出ろー（幹事）
当時27歳、参加者の1/3の20人はいた！すごい時代だ…。

最後に彼から「そんなに本音を言わないほうがいいよ」と言われて目が覚めました。「私は、私以外にはなれない」と。本音で話してしまう分、思いやりは忘れちゃいけない。だけど「正直」＝「明け透け」な部分は、最大の短所であり、長所でもあるんだもの。このままの私を受け入れてくれる相手じゃないとだめなんだ。それまでは、自分を変えることばかりを考えてきたのに。うんと空回りして、人と関わることでしか得られなかった答えでした。

　いつか出会う王子様だけじゃなく、うまくいかなかった時期に出会った人たちこそが、私にとっての「運命の人」。たくさんのだめな自分、それでも変えられない部分を教えてもらいました。私に必要なのは、出会ってすぐに「恋人候補」になるのではなく、まず相手と友達になること。お互いを知ったうえで恋愛をはじめないと。積極的に人と関わることは続けるけど、「婚活はしない」と最終回で宣言したのは、そういういきさつから。

　そう思って、入りまくっていた力が少し抜けた途端、運命の出会いが待っていたのでした。

なれそめコラム 3

きっかけは"紹介"です

子連れ挙式
さて、そのいきさつは―？
ベビーフェイスのだんなさんHくん

昔は当たり前だったお見合い結婚も、今はめずらしくなりました。しかし数段ゆるい「紹介」は健在。東京から故郷の北海道に戻り、版画家として活動していたTちゃんは、その紹介で結婚しました。

結婚願望はあるものの、31歳で北海道に帰ってからはなかなか出会いのチャンスがなかったTちゃん。東京と違いほぼまわりは落ち着いていて、合コンや紹介のチャンスもなかなかありません。5歳下の従姉妹に頼み込んでセッティングしてもらったりと、少ないツテを頼って年下くんとの合コンを繰り広げていました。でも20代相手だと「姉さん」呼ばわりで、結果に結びつかない。情報誌で見つけたお見合いパーティーにも出かけてみたけど、妥協してカップルになった相手とは、その場限りになってしまったそう。「かなりあせっていたんだよねぇ」

3人兄妹でにぎやかに育ち、さびしさに極端に弱い彼女が「一刻も早く結婚したい」と思い詰めていた35歳のある日。Tちゃんの友人Aさんのもとに、紹介の話が舞い込んできました。「元同僚の32歳・

Hくんって人がいるんだけど。誰かいい人、いないかしら?」「いますよ、いいのが!」。まずはHくんに「35歳のアーティスト、いかがでしょう?」とお伺いを立ててみることに。郵便局勤めで真面目一徹、北海道を出たことがなかったHくんにとって、インパクトのある相手。「話が合うかなぁ」と心配しながらも、「どんな人でもいいです」と承諾しました。一方Tちゃんも、「32歳の若さで誰でもいいなんて、よっぽどモテないのね……」と、想像をふくらませていました。

さて、すぐに紹介者を交えて、1月半ばに会うことになったご両人。お互いの第一印象は「思っていたよりまともー(ホッ)」。Tちゃんは「おたくっぽいところがかわいらしいなぁ」と母性を刺激されたそう。慣れないお酒を頑張って飲んだHくん、ちょっとハイになり、札幌の大観覧車「NORIA《ノリア》」に乗ろうと言い出し、楽しい夜を過ごしました。

その後Hくんから積極的に誘いがあり、何度かデートをして付き合うことに。Tちゃんは押しに負けた形。実はHくん、同僚たちにデートの仕方を教わったり、服選びを手伝ってもらったり、涙ぐましい努力をしていたそう。Tちゃんを気に入った理由は、「話しやすい」。それまで女性とまともに話せなかったのでは……とTちゃん。当時遠方の局に勤めていたHくんは、札幌で暮らす彼女に会うために、車で片道2時間の雪道を通う日々。

そして4月。Tちゃんが淡路島で展覧会を開くことになり、その旅でプロポーズする計画だったHくん。勤務の休憩中にかかってきた1本の電話で、運命が大きく動きました。「もしもしー。私、妊娠してたわー」「!!!」なんと出会って3カ月で妊娠↓入籍ということに相成り、紹介で電撃でデキ婚、と3拍子揃《そろ》った結婚を果たしたのでした。

「妊娠していなかったら、お互いの欠点が気になって別れてたかも。今はケンカもないし、結婚してよかったよ」Tちゃんは夫の短所を、「鈍感力」という長所と考えているのだそう(えらい)。今では娘ふたりに恵まれ、札幌で穏やかに暮らしています。

具体的な"婚活"の現場を
取材したのは、結局2回だけ。
いわゆる婚活に向いて
いないのはわかっていたから。

「心を落ち着かせ、内省する」が私の婚活でした。
自分、どうどう…

7 王子様？がやってきた

2009年12月、
とあるフリーマーケット会場―
〝クリエイターズ・マーケット〟と銘打ち、
ものづくりに携わる人が
出店するマーケット。
ここが運命の出会いの場でした。

会場に、ひときわ異彩を放つ男がひとり。異様な眼光、マント姿に杖を持ち、占い師…なのか？
……。
パウロ○○ eco占い
←かなり挙動不審
パウロ…?! エコ占いってなに？ なんかコワイ…。
目を合わせないようにしよう…
さやかがトイレ行ってる間に、あの占い師が買い物に来たよ！
マジでッ
こけしの木箱購入♡
友達とも話題の的
しかし占い師・パウロの隣で共同出店していたJくんが、こけしを売っていたことで…
あ、鳴子こけし！
デザインユニットの2人が出店者。
←オマケ
……。
こけし集めてるんですか?! 私も好きなんです！
数日後、マーケットの打ち上げ。今日は饒舌な占い師・パウロ
本当に占い師なんだ…
へー
占い パウロ○○
いつでも占いますよ
Jくんと意気投合
来月、一緒に「こけし友の会」の例会に行きましょうよ！
……。
キャッキャッ
行きましょう！
そのまま、近所のJ宅に遊びに行く
こけしだらけの部屋で、似てるこけしを探して顔マネ大会！
S
P
J

＊塾、飲食、占い、イベントスペース、ギャラリー、なんでもありの店を共同経営。

サプライズ誕生会を開いてくれたリー
料理上手→
この日はずっと料理を作っていた。
デコパージュした手作りびん！
プレゼントは、オリジナルカクテルを作ってくれた。
ラマン・ド・パウロ
バラの花びらと金粉入り…
センスいい！
いよいよ39歳
ブタの頭の丸焼き
こけし型ふろふき大根(生煮え)
……私のこと、本当に好きなのかも？
でも9コも下だし、変わり者すぎるし、そういう目では見れないや……。
友達にも
100パーない
と言ってた。
何様ッ?!
ある飲み会で、私の親友2人と対面。
パウロはさやかのどこを好きになったの？
……挙動不審なところ……
そこ?!
アナタに言われたくないッ
ワハハー わかってる!!
変な奴だけど、素直でおもしろいパウロは、私の友達にも人気者。
あの人は絶対いい人！
パウロ、いいじゃーん
目利きのお姉様方も ―
サーヤがいいって言ってた人より、よっぽど合うじゃん
デートしてみなって
あんまりみんなが勧めるから、だんだんその気になってきたかも……。
たしかにデートしてみなくちゃわからんよね
でもパウロは2人きりになると目も合わせない。
実は超！シャイボーイ
あ、そうだ。来週エちゃん(共通の友人)と行く骨董市に、パウロも誘ってみよう。
イキナリ2人もなんだし…

＊北海道をテーマにした居酒屋チェーン

翌日、うちの近くに用事があったパウロからお誘い。
夕飯どうですか
いいよ、と…。
この、いつもの定食屋と喫茶店で過ごした時間が、ものすごく自然な時間だった。
この日はハゲを出してきた
たくさんしゃべるわけじゃないけど…
話もちゃんと聞いてくれる
はずかしさのあまり奇行に走るけど、根は真面目でやさしいナ
人前でのサービス精神と、素顔の穏やかさのギャップー
マント姿で絶叫(バンドのボーカル)
はずかしがり屋さん
あれれ…なんかいいかも?! ギャップ萌え
しばらくうちに滞在中だった友人に相談。
パウロ、どうかなぁ
ソワソワ
見きわめちゃるから、今度ここでやる鍋会に呼びなよ。
で、誘ってみる。
鍋、僕が作りますよ!
…返信
ところが当日ー約束の4時を過ぎても連絡がなく…結局現れたのは鍋開始時刻の6時!
イライラ…
駅で会うなり、んもー、連絡くらいして!
本性丸出し!
友達にはこんな言い方しない
ごめんなさいごめんなさい
携帯忘れて戻ってあわてちゃって…
さあ機嫌を直して、鍋作り!
みんなには飲んでてもらって…
手ぎわいいナー
パウロ・トークで鍋会は大いに盛りあがりました。
ご近所仲間たちと…

みんな帰り、滞在中の友達が2階にあがるとー
すごく真剣に、ストレートに思いを伝えてくれた。
私の年齢を考えてか、プロポーズも同時
つられて正座
ビックリ
それは…付き合ってから考えよう。
うれしいけど…
デートから12日の急展開！あまり深く考えず、流れに身をまかせれば大丈夫な気がしていました。
この人は…スゴイぞ
直感?!
変わり者ベールの向こうにある、本当のパウロになかなか気づけなかった私。見る目のある友達の力は大きい
Sの母(P18)、当たりました
私自身もー
「自分を変えなきゃ」のギクシャクバリアとー
「イキナリ恋愛モード」の浮かれバリアがある時はダメだった。
ウフフ
または気合いの入ったギラギラバリア
迷走トンネルを抜ける前だったら、いくら勧められても見ようとしなかったかも
こんなに素の自分で、楽な相手ははじめて…
一カ月後に正式に結婚が決まり、一気に動き出したのでした。
今思えば、パウロが積極的に誘ってこなかったことで、人柄を知る前にシャッターをおろさずにすんでよかった
6月のJくんの誕生会で、ひとり炭火でチキンを焼き続けるパウロー
ずーっとベランダで働いてる…
!!!ヤツ…
ギャハハハ
アンタ、パウロと結婚するよ。
半年前(6月)の自分
うっそなんで〜?!
パニック!
これくらい、予想もつかない相手が、私の王子様でした。人生って…おもしろい!

ガサツだし口が悪いし…
まったくモテるタイプでは
ないので、一方的に好かれる
なんて状況はめずらしいことでした。

やっぱり変わってる。
＊パウロさん。以下
「P」と略します。

ビールの手酌は許さん！
おっと
こんなだったし

8 検証！出会いのとき

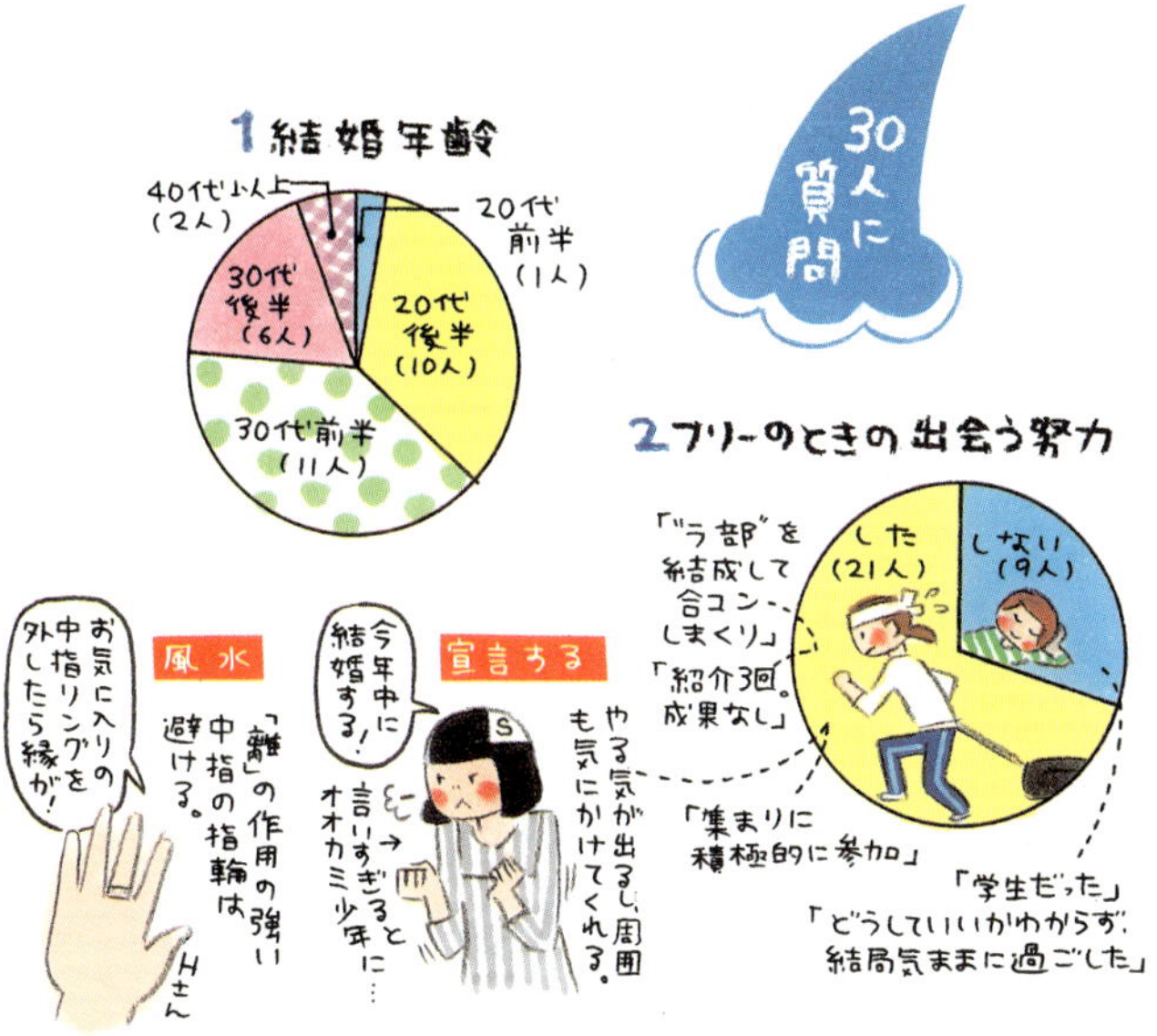

30人に質問
1 結婚年齢
40代以上（2人）
20代前半（1人）
30代後半（6人）
20代後半（10人）
30代前半（11人）
2 フリーのときの出会う努力
した（21人）

しない（9人）

「"ヅラ部"を結成して合コンしまくり」

「紹介3回。成果なし」

「集まりに積極的に参加」

「学生だった」

「どうしていいかわからず、結局気ままに過ごした」

宣言する
今年中に結婚する！

やる気が出るし、周囲も気にかけてくれる。

言いすぎると→オオカミ少年に…

風水
お気に入りの中指リングを外したら縁が！

「離」の作用の強い中指の指輪は避ける。

Hさん

フリーの時に一番知りたかったのが「どうやって出会うの?!」ということ。ご多分に漏れず、出会いがないのが最大の悩みだったから。そこで、まわりの既婚女子30人に緊急アンケート！ 伴侶といかにして出会い、結婚に至ったのか？ ほとんどが自営業か編集さんで、特殊なデータですが、ヒントになれば……。

まずは出会いの努力について。みんな合コンや紹介は経験しているけど、「苦手」「その場限り」というパターンが多い。それより、意識的に生活や心がけを変えたエピソードが印象的。例えば、「トイレに花を飾る」。しばらく出会いの気配がなかったNさん。危機感を持って、電話や話す声を明るくする、などの努力をしていまし

た。花を飾るのは、自分のモチベーションを高めるためにしていたこと。当時友達だった現夫は、Nさんの家に遊びにきた時に「こういうの、いいなぁ」と彼女を意識するきっかけになったのだとか！

「男友達とふたりでごはんを食べる」を実践したのは2人。Wさんは男性とふたりでいる状況に慣れるために、身近な友達を誘っていたそう。そうするうちに隙ができたのか、出会いが増えていきました。Mちゃんは「友達をイキナリ誘うのは緊張したけど、ドキドキするし、新しい発見もあるよ」。その中から、恋に発展した人も。

共通する意見が、「必死になるのをやめたら出会えた」。私の場合も、とことん必死になってあがいたのち、結果として力が抜けたところで流れが変わったもんね。大きくうなずいたのが「誰にでも自然な出会い、というのが絶対あると思う。無理にがんばっているとそれを見過ごしてしまうかも」というJちゃんの意見。がんばりすぎている人は少し力を抜く、何もしていない人は生活や行動を変えてみる、というのがよいのかも。

多かったのが仲間うちで意識しないところから、という出会い。Aさんは同級生グループの彼と同じ作家が好きなことがわかり（花村萬月！）、ふたりで会うように。トイレのお花のNさんは、たまたま行けなくなった友達の代わりにお祭りに誘って。

　飲み会で会った友達の友達、というのは7人。出会いが目的の合コンではなく、風通しがよく、枠のゆるい仲間の飲み会。私も考えたら、今までの彼と仲よくなったのはほぼ飲み会。変に期待せず、リラックスした状態でいられるからだろうな。

　友達と思っていた人からのアプローチで、なんとなく付き合いだしたら生涯の伴侶に、というのも6人。追う恋愛に疲れ、安心感を求めていたというタイミングも大きいよう。

アンケート外ですが、市民オーケストラで旦那さんと出会った知人も。ステキー
元吹奏楽部
彼以外はおじさん、おじいちゃんばっかりですよー

サークルだと、気軽に大勢と仲よくなれていいいな。結婚後も趣味が一緒だと楽しい！
結婚式では、2人の愛車が会場入口に飾られていました。

趣味の世界では、学生時代からお能をやっていたYさん。現夫は、発表会にプロとして手伝いにきた能楽師さん！　Gさんは音楽おたくな自分にあきらめて、趣味に邁進《まいしん》し続けていたら、仲間うちで観に行ったライブで出会いが。私もまさかこけしがきっかけで伴侶を得ることになろうとは、集めはじめた15年前には想像もできなかったなぁ。

Kちゃんはサイクリングサークルで。これはエリアコミュニティサイト（ソフトな出会い系）に登録して、見つけたサークル。「今年は彼を作る」宣言をし、達成したKちゃんに感銘を受け、当時彼のいなかった私も登録してみることに。するとものすごい勢いでメールが来て、怖くなって即退会。知人Eさんは、同じサイトから運命の出会いを果たしたのに……。Eさんは十数人とメール交換して、一番感じがよく、趣味が合った彼と会うことに。そしてその最初に会った人と、結婚！

最近はSNSなどからの出会いも多いようだけど、手軽な分リスクも多いので、慎重な対応が必要でしょう。

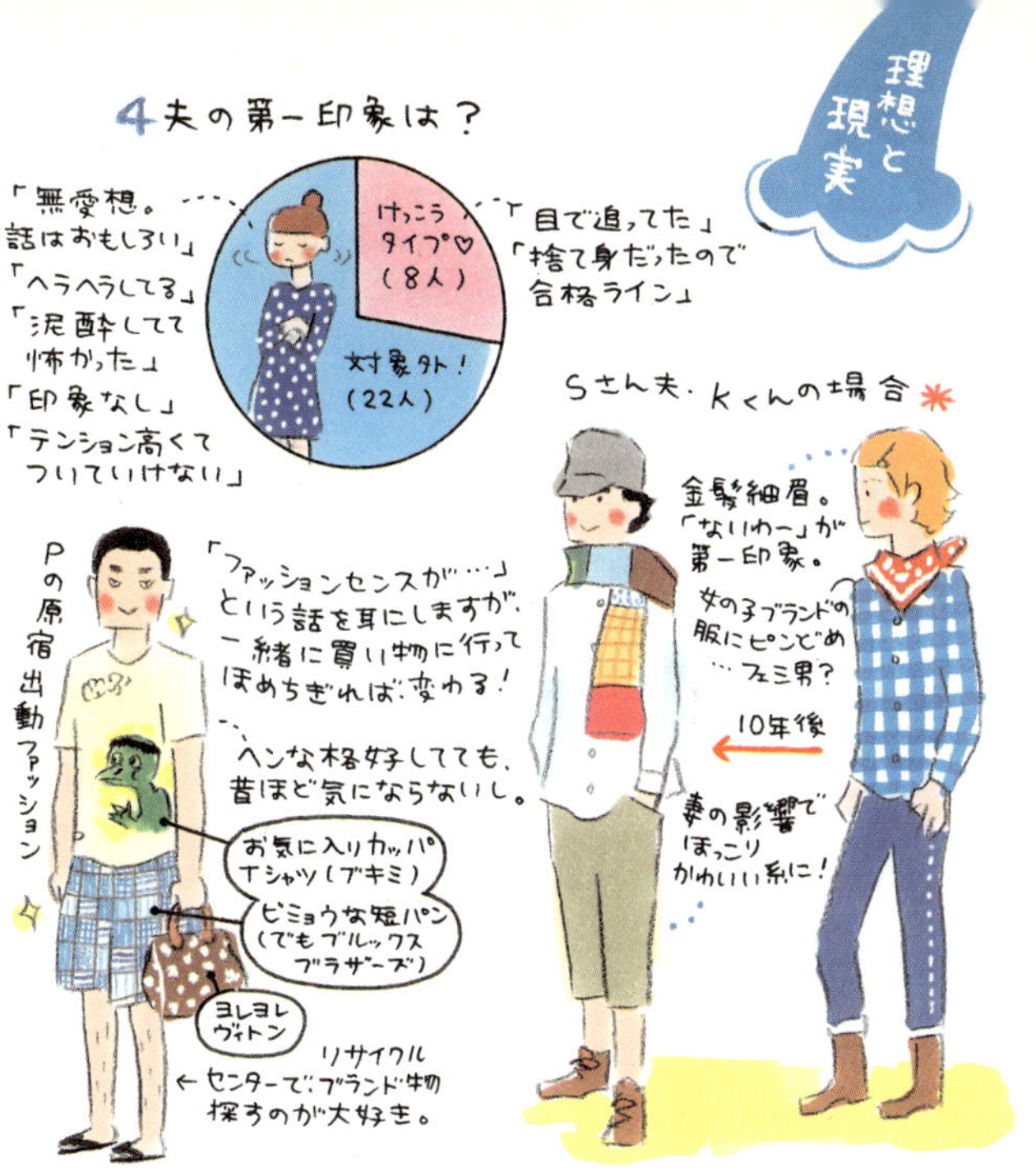

現夫の第一印象は、「タイプじゃなかった」という人が圧倒的。友達の同僚と4人でごはんを食べにいった、Kちゃんの場合。極度の人見知りの現夫Yくんから完全無視をされ、ショックを受けたことから、興味を持ったという変わり種。人を交えた食事会や、チャットで少しずつ距離を縮めたそう。一度会っただけでシャッターをおろすと、チャンスを逃してしまうかも。

第一印象が変わり、今まで付き合った人と何が違って結婚したのか。それは「タイミング」と「素の自分でいられる」こと。私もそれまでは、結局相手のまるごとを受け入れられないし、当然相手にもそうしてもらえなかった。つくづく、「相性」につきます。

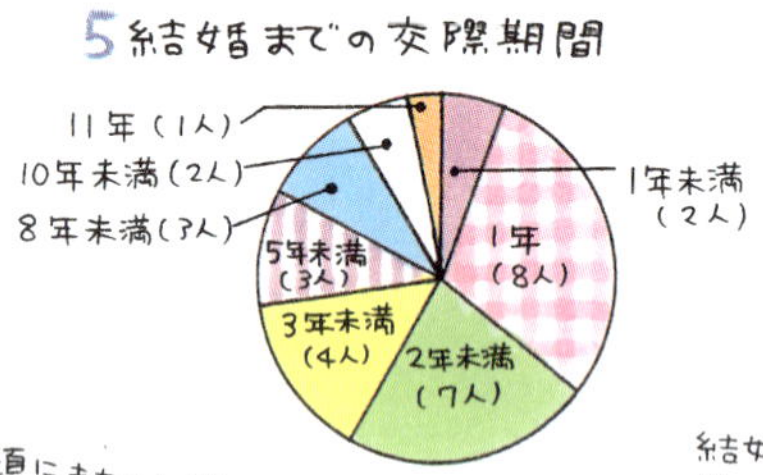

結婚までの交際期間は、出会いの年齢で変わってくる。20代前半に付き合いだした場合は5年以上はざらだし、30代で出会ったふたりは、だいたい1年後にはゴールイン。私の場合は交際5カ月での入籍でした。

長い春のふたりはお互いの両親に促されて、というきっかけが多い。30代以上になるとどうしても「付き合う＝結婚」となるので、相手の意思を確認してから付き合った人も。だいたいは流れるように進んだ模様。ジタバタしている自分が嫌になって、「もう恋愛なんてめんどくさい……」と思いはじめていたYさん（能楽師の妻）に、「うまくいく相手とは、気づいた時は金屏風の前だから！」と言ったのは既婚の友人。まさにそんな感じだったのだとか。

おまけ

円満結婚生活のこころえ

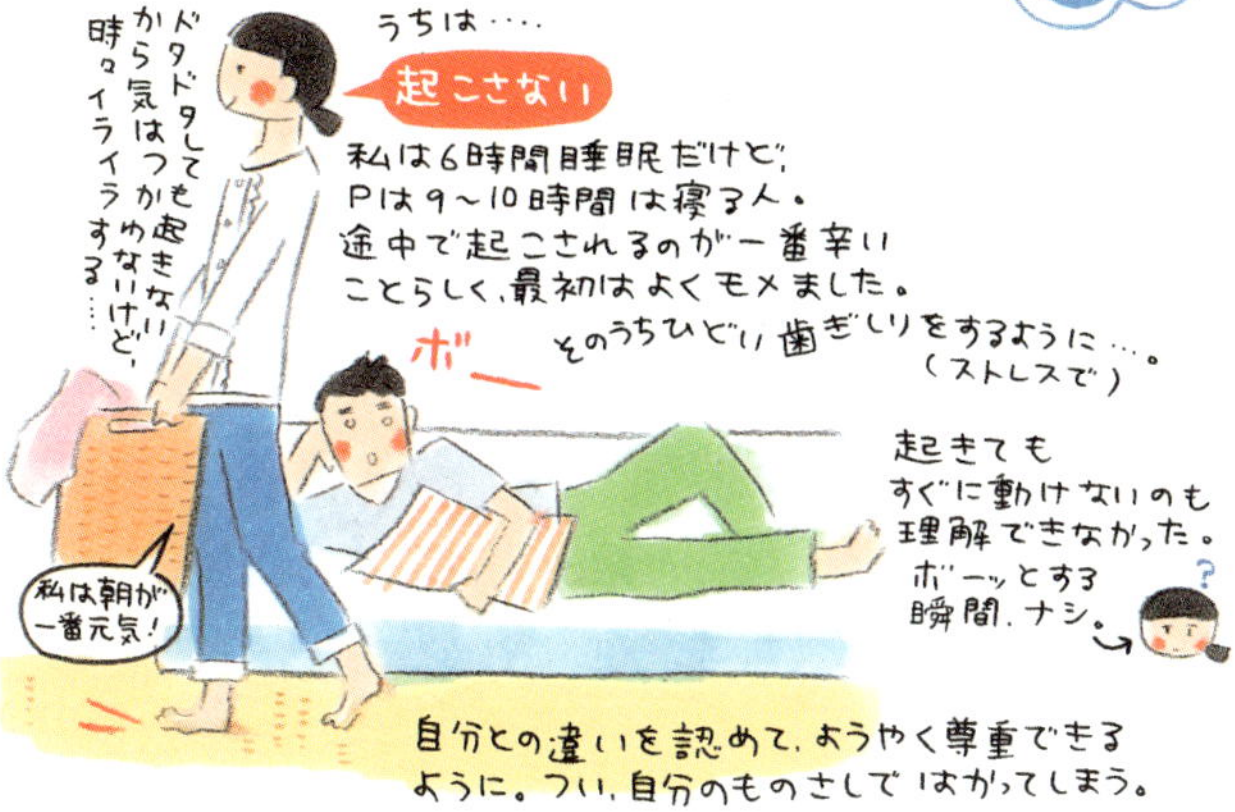

うちは・・・・
起こさない
私は6時間睡眠だけど、Pは9〜10時間は寝る人。途中で起こされるのが一番辛いことらしく、最初はよくモメました。
ボー
そのうちひどい歯ぎしりをするように・・・。（ストレスで）
ドタドタしても起きないから気はつかわないけど、時々イライラする・・・
起きてもすぐに動けないのも理解できなかった。
ボーッとする瞬間、ナシ。
?
私は朝が一番元気！
自分との違いを認めて、ようやく尊重できるように。つい、自分のものさしではかってしまう。

最後の「よい関係を保つために努力していることがあれば」という質問には、ためになるお言葉がたくさん。ずばり「求めない」から、「〝言わなくてもわかってくれる〟と思わない」「ちょっとくらいの不満なら飲み込む。相手も我慢していると思うから」「ありがとうをマメに言う。何か助かった時は、具体的にほめる」「文句を言いたい時は、おもしろおかしく伝える。踊りながら、ヘン顔をしながら」「夫の家族の悪口は言わない」「ケンカしても、相手を傷つける決定的なことは言わない」「ケンカしても一緒に寝る」「相手の意見をちゃんと聞いて、納得できなくても適度に流す」「スケジュールを教え合ってなるべく一緒にいられるように。でも相手がしたいことは優先する」……一番近しい相手だけど、当然「他人」なのですよね。

　いつか私の「合う人に出会えない」というボヤキに、「合う人なんて、いないよ」と言い放った男友達。〝合う〟なんて幻想で、お互い努力して合わせていくのが夫婦なのだとか。さすが、バツ2の言葉は重みが違う。しかと肝に銘じたのでした。

なれそめコラム 4

年下の男の子

2007年11月——
音楽仲間による
「結婚行進曲」の生演奏、
衣装もメイクも料理も
なれそめ紙芝居も、
すべて友達による手作りの
結婚パーティー！
2人のティアラも
友人の作品。
かわいい♡

女性の結婚年齢が上がり、年下男子とのカップルはそうめずらしいことではなくなりました。それでも当時滝修行まっただ中で、８コも９コも下の男性との恋愛なんて想像できなかった頃に聞いた、Rちゃんの「15歳差婚」には衝撃が走りました。

大阪で音楽活動をしながら、フランス語の先生をしているRちゃん。夫となったのは、その教室に生徒としてやってきたTくん。Rちゃんは苦しい恋愛に傷つき、家の立ち退きの憂《う》き目にあう踏んだりけったりの状況から抜けたばかりの時期でした。会社の先輩の紹介でやってきた彼は当時23歳。金髪ロン毛に雪駄《せった》、15も上のRちゃんにいきなりタメ口。今まで出会った「フランス語を習いたい人」とはかけ離れた雰囲気の若者。当然、恋愛感情はゼロ。

Tくんは会社帰りにレッスンを受けていたので、その日最後になることが多く、帰り道も途中まで一緒。ある日Rちゃんが友達の店に寄る時に、軽い気持ちで「Tくんも一杯飲んで行かへん?」と誘いました。ふたりとも酒好きなこともあり、それをきっかけに「帰りの一杯」が恒例になっていきました。「あまりに対象外すぎて、話を客観的に聞けたり、聞いてもらったりできたんやね」。微妙なお年頃ゆえに、同世代の男性の前では恋愛の話もしにくくなっていたのが、「彼の前だと素直に話せた」。

飲んだ帰りは毎回家まで送ってくれ、荷物が重い時は玄関まで運んでくれるTくん。ちなみに彼はやさしいだけではなく、「王子」というあだ名を持つほどの男前。ある日嫌なことがあって「このまま帰るのはしんどい。Tくんなら付き合ってくれるかも」と電話をかけました。寝ていたにもかかわらず、「今から行くわ」と出てきてくれました。その後も誘えばいつでも「いいよ」と言うので、どこまで付き合ってくれるのだろうと試したら、お隣の京都まで出てきてくれたそう。この頃にはだんだん意識をしていたRちゃん。お互いの家を行き来するようになり、するするとお付き合いが始まりました。

「15歳の差に抵抗はなかった?」と私が聞くと、「前の恋愛がつらかったから、とりあえずはラクチンな彼と毎日を楽しもう、と思ったよ。5年付き合ってもまだ向こうは20代。やり直せるやんって思ったら、気楽になれた」。Tくんが結婚まで考えているとは思っていなかったRちゃん。付き合いだすと毎日Tくんは家にやってきて、1カ月後には「一緒に住もう」と言われました。Rちゃんの両親に挨拶《あいさつ》してから、同居をスタート。彼は「付き合うなら結婚だろう」と最初から思っていたのだそう。半年後には入籍をすませ、24歳と39歳の夫婦が誕生しました。

私も「実年齢は関係ない」としみじみ思います。同世代でもまったく噛み合わない人もいるし、10歳の差があってもスッと通じ合える人もいる。当のふたりも、彼が6人兄妹の末っ子で年上と接し慣れていたり、ときにはRちゃんより古くさいところがあって、バランスは取れているそう。ちなみにTくんは年上女性と付き合ったことはなかったそう。「でも小1の時、姉ちゃんの友達の6年生にときめいたことがある」ですって。ちなみにPは、けっこうな年増好き。それもなんだか、複雑ですが。

既婚者アンケートでの
一番のビックリは、夫への
第一印象の悪さ。
私もそれまでは、最初に
好感を持った人としか
付き合ったことがなかったけど…
つくづく、わからないもの。
プハハ
態度悪いな
こいつ!
Yさん
へらへら
ナヨナヨした
おかしな人
Aちゃん

ケッコン式滝修行

フルスピードの巻き返しで、突如幕を下ろした
私のレンアイ滝修行。
2011年3月に新天地・下町へ引っ越しをして、
4月に無事入籍を終えました。
そんな浮き足だった日々のさなかに、
あの震災が起こりました。
当たり前だと思っていた世の中がひっくり返り、
不安が渦巻く中での新生活のスタートでした。

そして11月には結婚式。
取り組み中の新刊も夏には終わる予定だから、
余裕のスケジュール。
……のはずが、なぜか式帰りの空港から、
そのまま出版社に出向いていた私。
式の準備は、本の制作の佳境とともに
こなすことになったのでした。
ふたをあけてみたら、やること山積み！
楽しくも激烈な日々がはじまりました。

4月吉日ー
入籍をすませ、2人の大好物の
とんかつ屋に駆け込む。
保険の手続きに手間取り、
感慨よりも空腹が心に残る…。

1 ブライダル入門

2011年5月ー
ここは英国、ウェールズ地方ー
…ではなく、大宮の結婚式場「キャメロット ヒルズ」ー
すんごい!
S
広報・高木さん
すぐ裏の大きな公園に溶けこむように、英国貴族の館・マナーハウスを再現。
担当編集H氏

半年ぶりに『Ｆｅｅｌ Ｌｏｖｅ』に帰ってきました。今度は恋愛のその先の、結婚式の現場を見て歩きます。さて最近の式事情は――？

秋に結婚式を予定しているのですが、結婚像同様、式にもさっぱりイメージがなかったことに気づきました。とりあえず購入した結婚情報誌の分厚さに驚愕《きょうがく》。各会場では、週末ごとに盛大なデモンストレーションが開かれているよう。タイプの異なる2つのブライダルフェアに、潜入してみることにしました。

ひとつ目は人気のゲストハウス型式場「キャメロットヒルズ」。情報誌のあまたある式場の中、一番度肝《どぎも》を抜かれたのがここ。あまりに英国のマナーハウスそのものだったので、本物を見てみたかったのです。

埼玉県大宮に、突如現れた英国。

キャメロットヒルズ

テーマパーク的な式場かと思っていたら、式はきちんと本格派。パーティーの、私邸に招くようなくつろぎのもてなしに対して、式の厳かさは大切にしているそう。

豊かな緑と花に囲まれた、レンガづくりの屋敷。まったくの非日常の空間に、ステンドグラスが美しい教会が2つと、プライベートガーデン付きの会場が3つ。凝《こ》りに凝った会場を感心しきりに見学したあとは、模擬結婚式へ。200年前のパイプオルガンに合わせて、プロの聖歌歌手による賛美歌の斉唱が迫力。模擬と知りつつ、父が花嫁とバージンロードを進み、花婿に託す場面はやっぱりぐっとくる。式のあとの、ブーケトスまで再現。新婦候補が7〜8名いた中、見事私がブーケをゲット。これで4度目(!)だけど、やっぱりうれしい。

そのまま、料理の試食会へ。なんと、最初のシャンパンもちゃんと出してくれるのです。メインとパンとデザートブッフェまでいただいて、しあわせ気分で夢の英国をあとにしました。ブライダルフェア、最高!

一方純日本式の王道といえば、「明治記念館」。夏に開かれるビアガーデンのファンですが、その本館は、明治14年に建てられた赤坂仮御所の御会食所だった建物。館内の儀式殿のほかに、明治神宮で挙式できるのが魅力。

明治記念館
模擬挙式のあと、青々とした芝が美しい庭園を抜け、ウェディングショーへ。
あのあたりに籐の椅子が並んで……
もうわかりましたって
←ビアガーデンのすばらしさを熱く語る私。
S
H
広報の田雑さん
The Wedding Show
縁起のよい獅子舞に先導され、新郎新婦入場！
バーン
H
おお！
すごいスモーク！
"お水合わせの儀式"。両家の水をひとつにする儀式を、互いの地元の地酒で再現。
モデルさんも年齢高め
新婦、お色直しへー
と思ったら
3分後に別の花嫁登場！
ババーン
新郎が同じなぶん、なんか可笑しかった……
なんと！
挙式は神前式のみだけど、披露宴でドレスも着れちゃう。
父と共に入場し、母がベールをあげ……ひと昔前とちがい、両親が目立つ演出、多し。

◆花嫁和装試着&撮影◆

参加したのは「ご婚礼和婚フェア」。館内の儀式殿で、厳粛な模擬神前式を見学。三三九度や、巫女《みこ》さんによる「寿の舞」、ビシッと背筋が伸びます。参加カップルは30代半ば〜後半が多い。格式と伝統を重んじる式となると、やはりちょっと年齢が上がるのかも。それでも最近は仲人を立てるケースは少なくなっていて、形式にこだわらない、リラックスした式が好まれるよう。

式のあとは、ウェディングショーを体験。本番さながらの会場でテーブルにつき、披露宴のさまざまな演出を見せてもらいます。初めて見る演出が多く、日々進化しているのねぇ。いまやお約束の「キャンドルサービス」を最初にやったのが、ここ明治記念館なのだとか。最後は〝花嫁和装試着&撮影〟。花嫁衣装が並ぶ中から、好みの一着を簡易に着付けてもらえる。この間、彼氏は完全にカメラマン役。結婚式の主役は、やはり花嫁……。

大切な人たちが集い、自分たちの門出を見守ってもらう結婚式。どっぷりブライダルの世界に浸《つ》かって、かなりやる気が出ました! イメトレと、ちょっとしたレジャーばりに楽しいフェア体験でした。

式場決定！
別府温泉杉乃井ホテル（大分）
大露天風呂"棚湯"から日の出を眺める….
寝湯スペースが特等席！
この時、「ああ、こんなおもしろいホテルでの"温泉婚"なんて、私たちらしいかも…」と思ったのでした。

実際の私たちは、どのように式場探しをしたか。東京でやるならクラシックな会場がいいし、リゾート挙式にも憧れていました。定まらなかった案があっさりまとまったのが、Pの実家の佐賀に挨拶にいった時のこと。

9つも年上の私との結婚に、一切反対をしなかったという両親（私の母は、9歳下の占い師の彼ができた、と報告した時点でなぜか爆笑）。本音とむき出しの感情で対峙《たいじ》してきたうちの家族とは正反対の、物静かで穏やかな空気が流れていました。緊張しながらも、私はひたすらやさしく迎えてもらったことに大感激。

Pの母は大病を患ったあとで、その時はまだ体力が戻る前の時期。「どこでもいいよ」と言ってくれたけど、九州で挙げることに。友達は呼びにくくなるけど、こぢんまりとやろうと思っていたので、エリアは決定。

そして挨拶の帰りにふたりで寄ったのが、大分の「別府温泉《べっぷおんせん》 杉乃井《すぎのい》ホテル」。九州では有名な人気大型ホテルで、そこはまるで一大アミューズメントパーク。水着で入る温泉に噴水ショー、別府湾を一望できる大露天風呂、巨大な売店に、最大の目玉の豪華バイ

キング。幼い頃に行ったきりだったPが、「バイキングを食べたい」と予約したのでした。

平日でも592室が満室、リピーターが多いのが大納得の、それは楽しい夜（食べ過ぎて寝込んだ）。東京に帰ってから、すぐ「杉乃井でやろう」という話になりました。

式はホテル内での人前式か神前式、近くの神社での神前式、と3つの中から選べたので（後に併設の教会も完成）、神社での式をチョイス。神社は子どもの頃から今も、心落ち着く大好きな場所。そんなわけで、和装で神社で挙式後、洋装に着替えてホテルで小さな披露宴、という式にとんとんと決まりました。なんとなく、教会でドレスを着て式を挙げるのかなぁ、とずっと思ってきたのが、意外な展開に！

1
2001年3月香港
ハッ
2
2008年5月銀座
コツは照れずに中央に陣取る。これのみ。
ホッ
3
2010年10月バリ
不戦勝。Pと付き合いはじめの私に、花嫁がプレゼントしてくれた。
ヤッター
ー最初のブーケキャッチから、10年かかりました……。

2 結婚式の華

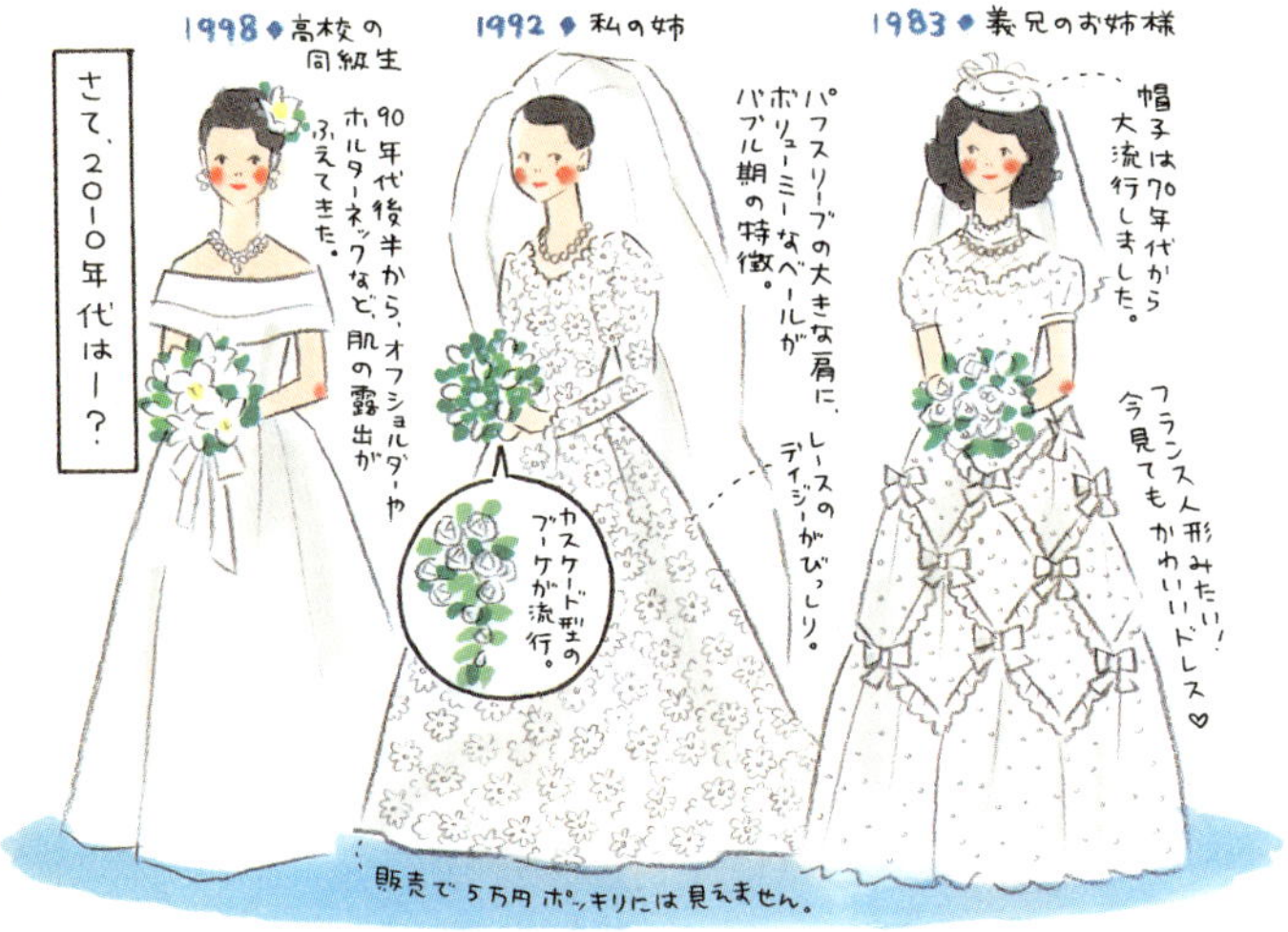

はじめて出席した結婚式は21歳。6つ上の姉の式でした。地味婚のはしりで、軽井沢のホテルで家族と友人数名とで挙げた式。ドレスも、姉はシンプルなものを探していたのに、一緒に試着に行った母が「これ!」とつかんで離さなかったものを着用。レンタルドレスの払い下げだったもので、80年代の香りを残すドレス。そう、ウェディングドレスって、かなり流行が出るものなのよね。

11月に九州で結婚式を挙げた私。ドレス探しがやはり、準備で一番盛り上がったポイントでした。今回はドレス市場の今を見てまいります。

近々挙式予定の編集部Y嬢が利用した、横浜のレンタルショップ「プリンセスガーデン」。500着以上のドレスの豊富さにびっくり。

「オルキディア」フロアにはオリジナルのドレスがずらりと並び、絶対好みの一

着が見つかりそう。試着の数は決まっていないけど、多いと迷ってしまうので、3着ほどにしぼるのがおすすめ。スタッフがつきっきりで見てくれて、落ち着いて探せるのがいいな。以前試着した店は2時間と決まっていて、すごくあせったもんね。

試着したのは、デザイナーズブランドのドレスを扱う「ロイヤルプリンセス」フロア。憧れのセレブドレスに、ここぞとばかりに挑戦！　つくづく、ドレスは着てみないとわからない。自分のドレス選びも、エンパイアラインに心を決めていたのに、まったく似合わなくて愕然としました。逆に今回、〝ネタ〟として袖を通したデコラティブなドレスが、一番似合っていたように思う。

今の人気は、一見シンプルだけど上質で凝ったレースづかいだったり、長いトレーンでバックスタイルが華やかなもの。これなら30年後に見ても、恥ずかしくないな。

そして自分のドレス探しで苦労したのが、好みのテイストのお店が見つかりにくいこと。パソコンで検索しても、ギャル風だったりラグジュアリー過ぎたり。

THE 試着★
2
Anne Barge
1
『麗しのサブリナ』のオードリーのドレスみたい！でも、四角い襟とつまった袖ぐりが、がっちり体型を強調。
つま先でドレスをけりながら歩く…
フロアが広いので、歩き方の練習も。
式を前に、なぜか過去最高体重をマークした私。7号のうしろがとまらなかった…。海外ものは、サイズが限られることも。
憧れの♡長ーいベール。
下がバルーンになったマーメイドラインが個性的。白い花がラブリー。
420,000円
357,000円
3 STELLA de libero
促され、腕を組んでパチリ。「とらえられた宇宙人…？
ヘッドドレスも全部変えてくれた
日本人女性2人によるユニット。一見奇抜でデコラティブだけど、着るとしっくり上品。不思議ー。
敬遠していたベアトップも、かえってスッキリ見える。決めつけないで、どんどん着てみなくちゃね。
393,750円
編集部Y嬢は…
P19のYです…
「オルキディア」のスウィート・クラシックタイプの一着で決定。ラッフルフリルがバッスルスタイルのような華やかさ。パッとした美人のY嬢に似合う！
今や完全にベアトップが主流
241,500円

マリオネット

秘密の屋根裏部屋のような店内。360度、かわいい!
奥にウェディングの小部屋
花が描かれたたんすもリメイク作。
編みこみの髪、トランプのイヤリング、靴下の色…おしゃれすぎる千代子さんに釘づけ。

今回の取材のために友達のおすすめを聞いて、なぜ自分の時に聞かなかったのか、謎。身近な口コミが一番なのに。余裕がなくて、気がまわりませんでした。

ビンテージドレスや小物を扱う「マリオネット」は、ウェディングドレスの制作とレンタルもおこなっています。ここは、オーナーの長野《ながの》千代子《ちよこ》さんのキャラクターそのものが魅力のお店。アンティーク素材を使って手作りされたドレスや小物は、どれも本当にかわいい。

友人Mも千代子さんのファンになって、ここに決めたのだとか。膨大な選択肢の中で迷子になっていたところを、口コミで訪れたのがきっかけ。提案してくれたドレスが好みにぴったりだったこと。ドレスに合わせてトータルコーディネートをしてくれるところが決め手に。自分でヘッドドレスや小物を探すのって、大変だもんね。

私がコーディネートしてもらったのは、すずらんのモチーフが入った、アンティークベールで作られた華《きゃ》奢《しゃ》なドレス。合わせるヘッドドレスがまた素敵！　もう自分のドレスは決まってるのに、思わず心が揺れる。今度は自分も口コミしていこう、と誓ったのでした。

ドレス以外にもつい目が……。手編みのセーター、ステキ。

小物がこれだけ充実してるって、なかなかない。

お花やコサージュも手作りです。

M's dress
ドレス2着と下着から靴、小物、ブーケ込みで他店の一着分の値段くらい……！ 予算に応じてコーディネートしてくれる。

胸もとと背中のカットレースが美しいドレス。背中が見えるように、ふわりとかぶったベールがかわいかった。

Sayaka's dress
うれしい～かわいい～

アンティーク素材は切らずに、たたんだりタックをよせて、あますことなく使う。

そのニュアンスがまた効いてる。レースへの深い愛情のなせる技。

お客さんの写真を見せてもらったら、長靴の花嫁さんも！雑誌のグラビアみたい。

わたしのドレス

式まで3カ月を切ったところで、初めて式場で打ち合わせをして、提携のドレス店で試着。「時間もないし、ある中から決めよう」と思っていたはずが、むくむくと欲が湧《わ》いてきた。「もっと似合うのがあるはず！」と。

ネットで検索して、探し当てたのが※「プティローブノアー」。ジュエリーブランドが展開するウェディングラインは、ビンテージドレスのようなシックなデザイン。お手頃価格でリースもしていて、さっそく予約を入れました。その際、いつも一緒に買い物に行く友達に付き添ってもらいました。彼女の目が、一番信頼できるから。

そこで見つけたのが、「白雪姫」のドレス。その場では盛り上がったけど、家族や友人に写真を見てもらったところ、「かわいい!!」「妊婦に見える」「聖歌隊？」と賛否両論。もう1軒の、安価なお店で選んだドレスの方が「スタイルがよく見える」と評判が良かった。

私らしいのはどっちだろう……？　2週間以上悩んだあげく、最終的にはPの好みと、並んだ時の衣装のバランスで「白雪姫」に決定。思いがけず、けっこうな苦労の末に見つけた、入魂の一着でした。

※現在、ウェディングルームは閉店。恵比寿本店にてウェディングジュエリーやドレスの販売あり。

petite robe noire
小さなアトリエを借り切り、じっくり対応してくれる。3着試着できるので….
3 白雪姫ドレス
2
1
シフォンのエンパイアドレス。肩が張ってがっちりしてる私には無理！

えーん、かわいいのに…

20年代風のドレスは、私にはシックすぎる。

小さなパフスリーブが腕太を強調。

お、いいんじゃない?! パフスリーブで襟もつまって、体型に合わないはずなのにうまくカバーできてる。

これに決定！

3万円～のレンタルで、これは10万円。

ベールやグローブ、アクセサリーもリースできる。

ヘッドドレスもいろいろ。素敵なのばかりで目移り。

でもなんか私らしくない?!

レンタルショップT
迷っていたドレス。キリッとしたデザインで、肩も出したほうが顔と体型に合うのよね。

社会的な儀式として、
式は小規模でもちゃんと
するつもりでした。
やっぱり憧れはあったしネ。

黒振り袖とタキシードの、大正・昭和風の
新郎新婦もいいなあ。友人Tちゃんの披露宴スタイル。

3 花嫁のヒミツ

花嫁美容は特に何もしない予定でした。しかし式直前。著書の制作の佳境で、肌はくすんでクマくっきり、とボロボロの状態。これはヤバい……。あわてて知人のコスメライターMさんに相談。Mさん曰く、「ヘッドスパは直前のリフトアップに効果絶大。目元もフェイスラインもすっきり！」すぐさま、おすすめの「uka」青山※店に駆け込んだのでした。

　まずは、最初の頭皮チェックからびっくり。「左右の視力が違うでしょう」とか「睡眠不足ですね」（完徹だった）とか、ズバリ言い当てられたのだから。頭皮の色や固さで、健康状態がある程度わかるそう。

　肝心の施術は、すぐに眠ってしまったものの……効果はすごかっ

※青山店は閉店。お問い合わせは、uka恵比寿三越店（P126）へ。

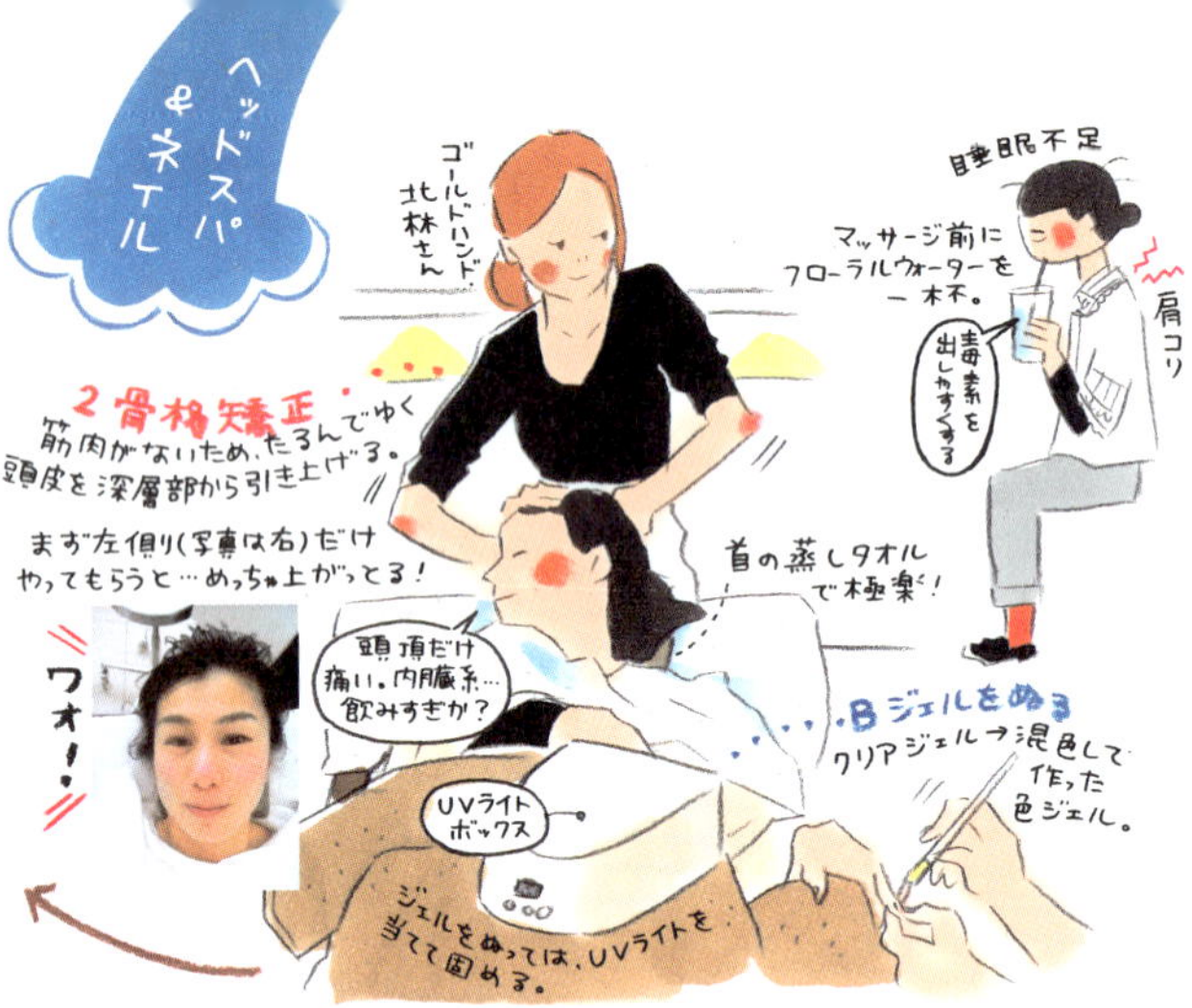

た。土気色《つちけ》だった顔が明るくなり、目も大きくなったみたい。帰り道はスキップしたいほどうれしかったっけ。

今度は取材で、再びウキウキと「uka」へ。ヘア、ネイル、ヘッドセラピー、エステなどトータルケアできるのが魅力。フェイシャルやシェービングも入ったお得なブライダルパックもあり、今回は「ブライダルトリートメント」と「ブライダルネイル」を受けました。凝りまくっている頭皮のために、血行促進とリンパの流れをよくするオイルでマッサージ。やさしい香りに包まれながら、細腕の女性とは思えぬ力強さで、たっぷり30分ほぐしてもらう。うっとり眠りそうになる誘惑を払い、今回はしっかりと堪能。骨格矯正でより力強く、顔のリフトアップ。痛気持ちいいー。ずっとやめないでほしい……。最後に毛髪治療。毛先が乾燥していたので栄養補給と、ふんわりボリュームアップをリクエスト。

すべて終わって同行の編集O嬢、「肌ツヤ！　目の輝き！　全然違いますよ」と驚愕。つくづく、頭と顔はつながっていることを実感。1～2週間は効果が持続するので、ここぞという時には通いたいなぁ。

Cストーンをのせる
相談の上、さりげない小粒のキラキラストーンで飾りつけ。
ビューティフルハンド・櫻井さん
動けない私に代わり、写真係の編集O嬢。
うらやましいッス
しあわせ〜
シャンプーのとき、上へ上へ引き上げると効果が持続しますよ。
3毛髪治療
(トリートメント)
じっくり浸透させたあと、シャンプー。
4ブロー
肩マッサージのあと、きれいにセットしてもらう。
Dパラフィンパック
エッセンシャルオイルたっぷりのロウパック。
❶温かいロウの中に手を浸す。
❷ラップでくるんでカバーをし、待つこと5分……
意外と手って、注目を浴びるのです。
❸ぺろっとロウがはがれて、つやつやに!
ネイルも完成!
ほんのり上品で、和装にも合う
帰りはやっぱりスキップ気分♪
私もやりたーい
←今年挙式♡
ワーイワーイ

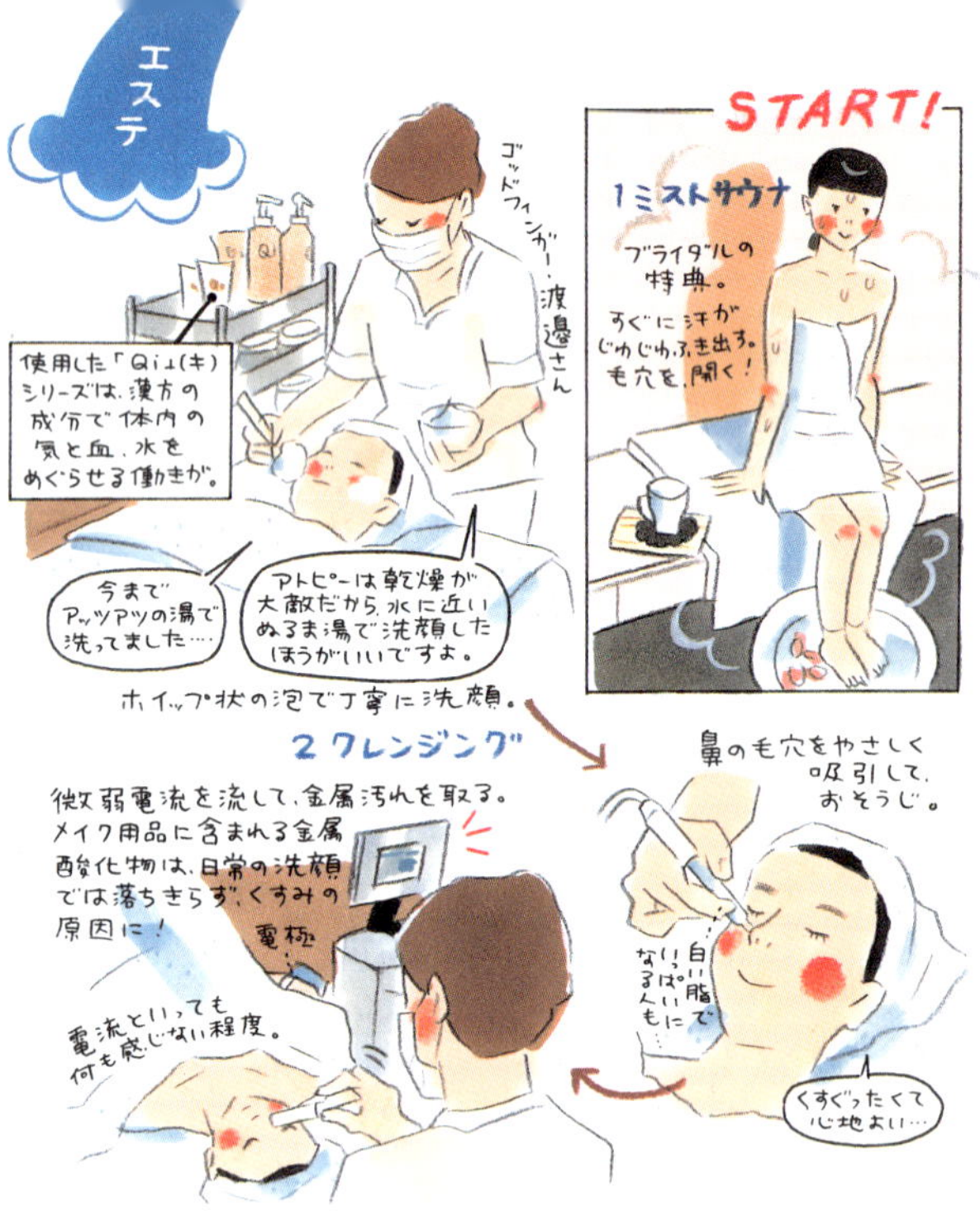

自分の式ではあきらめたブライダルエステ。Mさんおすすめの中から、一流どころの「資生堂サロン＆スパ」に行っちゃうもんね。近寄りがたい雰囲気を想像していたら、気さくなエステティシャンさんの登場にひと安心。私がエステを断念したのは、軽いアトピーで、直前にトラブルが起きるのが怖かったから。カウンセリングをしてしっかり、負担のないコースを組んでもらいました。

体験したのは、一番人気の「フェイシャル＆デコルテ」。毛穴の汚れを取り、リンパの流れに沿ってマッサージ。くすみのない素肌に導いてくれるそう。

まずは丁寧にクレンジング。ソフトな指先に、「やさしく落

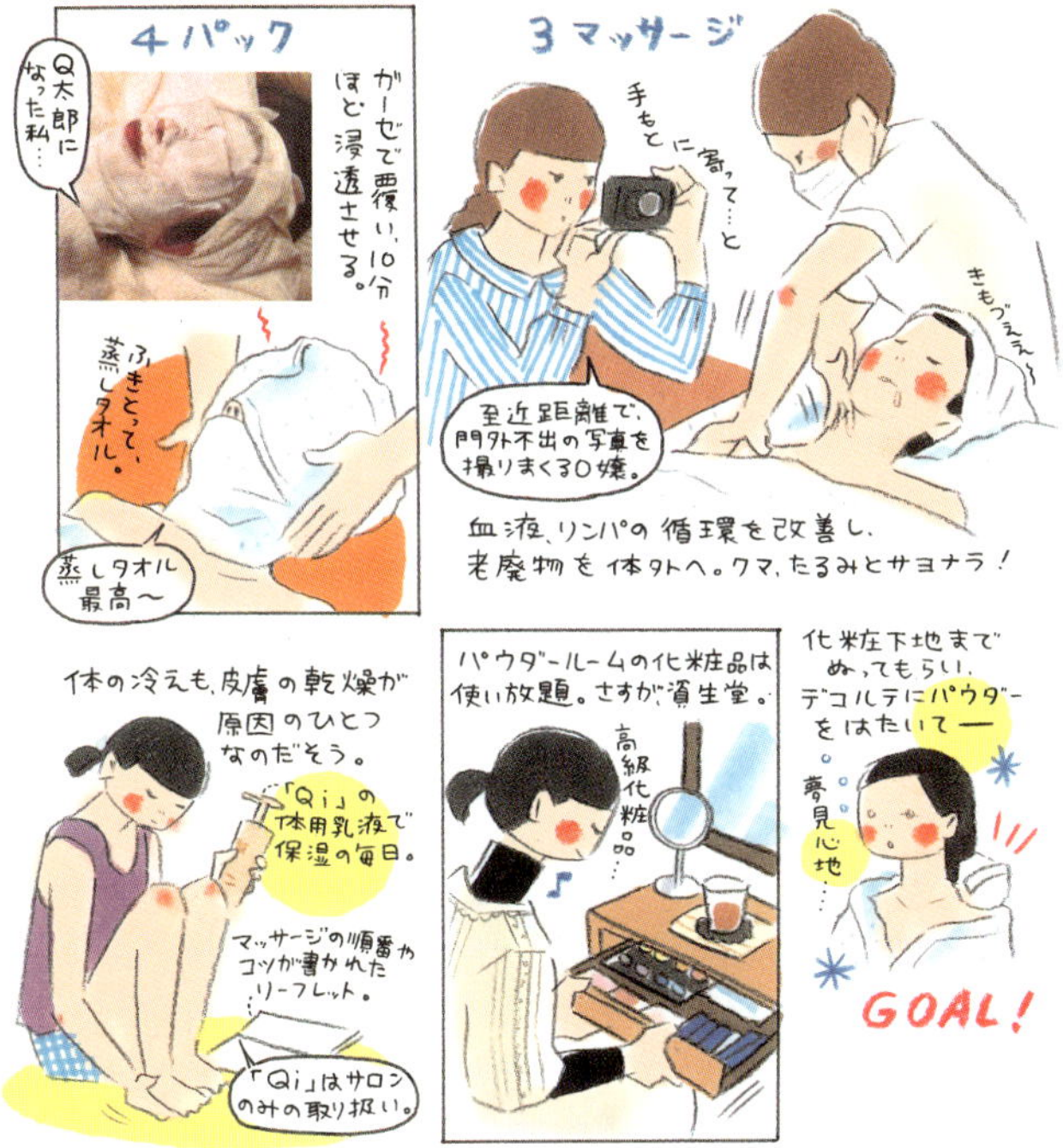

とすものなのですねぇ。力まかせにこすってました」。施術を受けながら、美容知識を聞けるのもうれしい。むき卵の肌になったところで、マッサージスタート。目のまわりは滑るようにやさしく、肩からデコルテにかけては力強く、この道20年の技にうっとりと身を任せる。「凝ってますねー」。毎日仕事で目を酷使し、こわばった顔がほぐれてゆきます。

最後に顔とデコルテをじっくりパック。起き上がって、しばし放心。めくるめく2時間を見守っていたO嬢、「顔色が違う！」保湿効果で小ジワが消えた！　とにかく、保湿なのよね。これは2週間通ったら、ピカピカ肌の花嫁になれるわ。

わたしのヒミツ
3カ月前
ウォーキング
"お迎えウォーク"。自転車通勤のPの帰宅時に連絡をもらい、家を出発。合流地点で引き返すと、40分の運動に。
深夜12時ごろ。道はすいてるし、日焼けの心配もナシ。
遠くのスーパーに買い出しに行ったり、手前で電車をおりたり。
ショルダーバッグかリュック
iPhoneや地図を駆使して、いろんなコースを楽しみながら…
ポケットマップ
東京
ゆったりパンツ+スニーカー

なにもやらないつもりだったとはいえ、一生に一度の夢舞台。ダイエットだけは、危機感を持って式の3カ月ほど前から取り組んでいました。夫婦揃って酒の席が大好き。飲む機会がぐっと増えたことが原因で、3kgほど太ってしまったのです。そこで始めたのがウォーキング。ハードな運動は続かない自信があったので、無理矢理にでも理由をつけて「とにかく歩く」ことに。毎日はできなかったけど、元には戻せました（やせたわけではない）。

それから、友人たちの大半がやったという、顔のうぶ毛剃り。肌の明度が上がり、化粧ノリもよくなるのだそう。肌への負担を考え、本番1週間前には済ませるべきもの。肌が弱いのでためらいもあったけど、ギリギリ滑り込む。あきらかに顔色が明るくなり、「肌、きれいになったね！」と何人かに言われました。しばらくヒリつく感覚はあったけれど、保湿をしまくって乗り切りました。

睡眠をたっぷり取る、というおそらく美容に一番効果的なことはまったくできなかったけど……どうにか取り繕って、大分に乗り込んだのでした。

8日前 ＊シェービング＊

肌の露出が少ないドレスなので、顔以外は着物用に首筋だけ。
顔そりでベッドに横になった途端、爆睡。

完徹だった…

1カ月前 ＊プール＊

区の新聞で見つけた、スポーツセンターの"水中シェイプアップ"5回コースに申し込み！　でも2回しか行けなかった……。

つくづく"通う"のに向いてない
おばちゃんオンリーで、気軽でよかったんだけどな。

7日前 ＊ジェルネイル＊

自分の手じゃないみたい…♡
ラメとストーンを上品にのせて…
人にやってあげるの、大好き＊
ネイル好きが高じて…ジェルネイルの機械を買ってしまったHちゃん。

はじめてのジェルネイルは、友人Hちゃんにやってもらいました。
ドレスの写真を見せて、アドバイスをもらいながらイメージを固めて……。

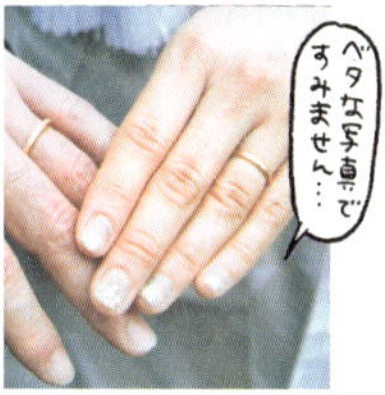
ベタな写真ですみません…

ジュエリーブランド「Push Que」のデザイナーであるHちゃんに、結婚指輪を作ってもらいました。

3日前 ＊ヘッドスパ＊

ズタボロの状態で「uka」に駆け込む。九州出発の前日のこと。

大丈夫ですか？
またもや完徹…

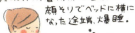

なれそめコラム 5

バツイチの春

言葉えらびもマジメ！
お原稿が
僭越ながら
……ファクシミリの
02年当時のH氏。10年後の今も、初めて会った30代前半から、一切変化ナシ。

本書担当のH氏とは、かれこれ15年ほどの付き合いになります。あれは2002年のこと。H氏と新しい本を作ることになり、久しぶりに会った際に「奥様はお元気ですか?」と何気なく聞いたところ――「実は離婚しまして（！）……再婚しまして（!?）……もうすぐ子どもが生まれるんです（！！！）」この2年の間に、一体どんなドラマがあったんだ!? 真面目で堅物、どこから見ても「ザ・おじさん」であるH氏に！

最初の結婚は34歳の時。地元・鹿児島の〝お見合いおばさん〟のはからいで、会食をしたのがきっかけ。1年の遠距離交際を経て、東京で新生活をはじめたふたり。3年間の結婚生活にピリオドが打たれたのは、突然のことでした。なんと初めてのケンカで、そのまま離婚に至ってしまったのです。それまで、もめ事らしいことはひとつもなかったのに。

「今思うと、圧倒的に会話が少なかったですねぇ」

そのうえ、H氏はかなり鈍感なタイプ。鹿児島からひとり東京に出てきて、仕事の忙しい夫とふたりきりの暮らし。「きっとずっと不満が蓄積されていたんだと思います」気づいた時にはもう取りつく島もなく、ケンカから半年もしないうちに、離婚へ。

離婚騒動中、大学時代の後輩を飲みに誘ったH氏。くだを巻くH氏に「こりゃもうダメだ」と思ったのか、修復を勧めず、「前に進んだ方がいいですよ。離婚したら僕がいい人を紹介してあげますから」となぐさめてくれました。その後修復に奔走して夢破れ、離婚に至ったH氏。すると後輩氏が、本当に紹介の場をセッティングしてくれたのです。

その女性は、後輩氏の母上の和楽器の先生、A子さん。家族ぐるみで仲がよく、古典音楽のA子さんと、落語をたしなむH氏は気が合うのでは……と思ったよう。離婚から2カ月ほどたったある日、3人で会うことに。当日、突然仕事で遅れることになった後輩氏。いきなりふたりきりの対面となった38歳のH氏と、34歳のA子さん。その時の印象は「お、かわいいぞ!」。女性が得意とは言えないH氏、しかもきれいなA子さんを前に、びっくりするほど気負いなく話せたのだそう。あらゆる世代に音楽を教え、聞き上手でおしゃべり好きのA子さんの力量のおかげ? 堂々と振る舞い、冗談を飛ばすH氏に彼女も好印象を持ち、すんなり交際へ。年齢的にお互い結婚が前提だったので、出会って3カ月後には実家への挨拶を済ませるという早業。そして結局離婚から1年足らずで、新妻をゲットしたのでした。

前の結婚があまりにもきっぱりとおわり、あきらめをつけたのが早かったことと、くよくよ引きずらない性格が大きく作用したのでは。そして徹底的に反省をし、とにかく会話につとめることを決意したH氏。自分の気持ちを包み隠さず伝えてくれるA子さんのおかげで、それも杞憂におわりました。〝薩《さつ》摩隼人《まはやと》〟だったH氏も、今は9歳の愛息のために、毎朝みそ汁を作るのが日課なのだとか。

A子さんはバツイチであることを一切気にしなかったそうですが、H氏がうれしそうに奥さんの尻に敷かれているのを見て、私も「バツイチ男子はむしろいいのでは?」と認識した次第でした。

しきたりやマナーなど
わからないことだらけ。
〝結婚〟のマニュアル本は
かなり役立ちました。

婚約解消のことまで書いてある!
美容プランは3カ月前から?!
招待状って句読点入れないんだ
…友達のおさがり

4 手づくりしよう

ウェディングノート

テンションのあがる、ドレスのイメージからはじめるのがおススメ。引き出物、出納帳、席次表案とすべてをこの一冊に書き込む。

引き菓子のページ。案を考えたり、お店への注文ファックスを貼ったり。

最初は『ゼクシィ』しかなかったので、活用し倒しました。ドレス・イメトレページ。

11月の大分での挙式に向けては、8月の佐賀への帰省に合わせた初打ち合わせまで、なにもしなかったに等しい。目標が具体的に見えないと、やる気も出ないもの。九州行きが近づいて、あわててウェディングノートづくりを開始。雑誌から気になるドレスやヘアアレンジ、会場のコーディネートなどを切り貼りして、イメージをふくらませました。うん、だいぶその気になってきた。

8月半ば、P両親と4人で杉乃井ホテルで1回きりの打ち合わせへ。宴会場案内の資料の中に、気になる写真がありました。それは赤いバラだけで飾られた、少々ゴスっぽいテーブルアレンジ。これにはふたりして「かっこいい！」と意見が一致。このイカした巨大

ペーパーアイテム

イメージ決定

©別府杉乃井ホテル

まったく同じにはならなかったけど、この写真で方向性が決定!

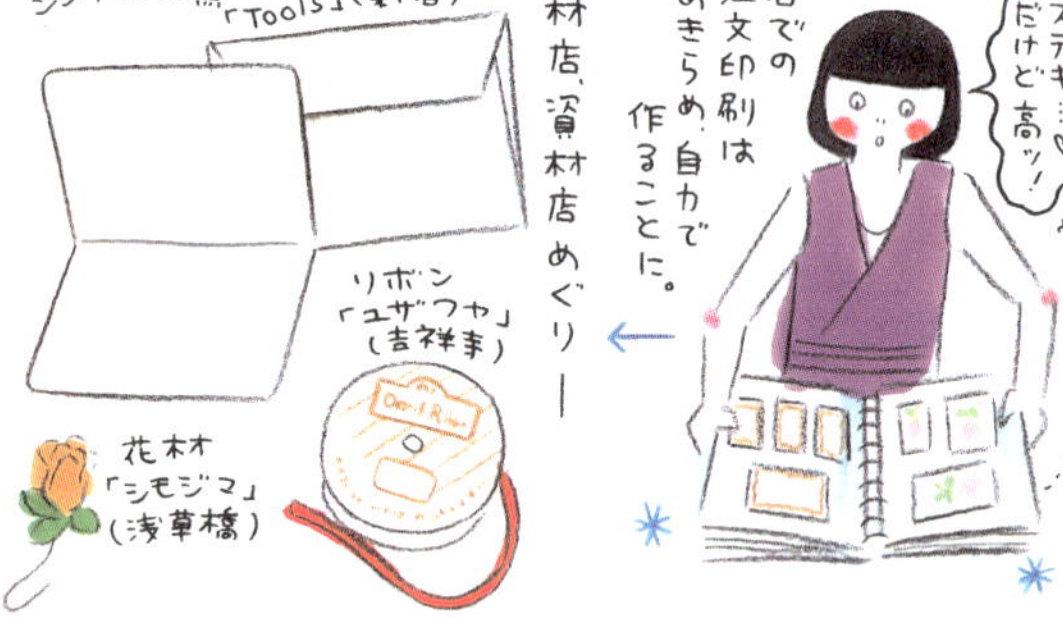
某大手文房具店にて—
ステキ…♡だけど高ッ!
ウェディング印刷見本
店での注文印刷はあきらめ、自力で作ることに。
画材店、資材店めぐり—
シンプルな無地のカード・封筒「Tools」(新宿)
リボン「ユザワヤ」(吉祥寺)
花材「シモジマ」(浅草橋)

観光ホテルには、これくらいテーマ性が濃い方がしっくりきそう。あっさり、披露宴のテーマは「赤いバラ」に決定。新郎の怪しい衣装にもぴったりです。

俄然おもしろくなってきました。ドレス同様「サンプルの中から選ぼう」と思っていた、招待状などのペーパーアイテムも、急きょ手作りすることに。パソコン音痴ゆえ、こりゃ手間がかかるわ。式まで3カ月を切る中、果たして全部できるのか?!

帰京して、まずは画材屋さんを物色。手作りで、いかに安っぽくなく作るか……。アイコンとなるスタンプをネットで注文して、カードなどは小ロットから安価で刷れて、味わいのある「レトロ印刷」を利用。アナログパワーをフル活用して、制作にいそしみました。

招待状

外側は二つ折カードにスタンプ。中は友達に、パソコンで私のイラストと文字を組んでもらい、レトロ印刷。リボンを結んで、できあがり＊

出欠は確認済みだったので、往復はがきは省略。切手もバラに統一。

包装紙

上はのし。名札とともにレトロ印刷で。

席札

表にゲストの名前、中には二人からのメッセージを入れる。

スタンプ

原画から版を作ってくれる「ハピネスバード」に発注。

記念品

左から引き菓子、記念品の手拭いとパッケージ。染めの手拭いは1カ月以上かかるのを、ネットで探した「神野織物」（大阪）になんとか3週間強で作ってもらいました。

手拭い

パウロマークは、P発案、デザイナーであるJくん（P56）の合作。サーヤ手拭いは花嫁&花婿。

せっかく占い師なので、Pのは「金運アップ」、私のは「ラブ運アップ」手拭いに。

手拭いのカードもレトロ印刷。

まったくの偶然で、「神野織物」の包装紙がバラ柄…！その上にオリジナルののしを巻きました。

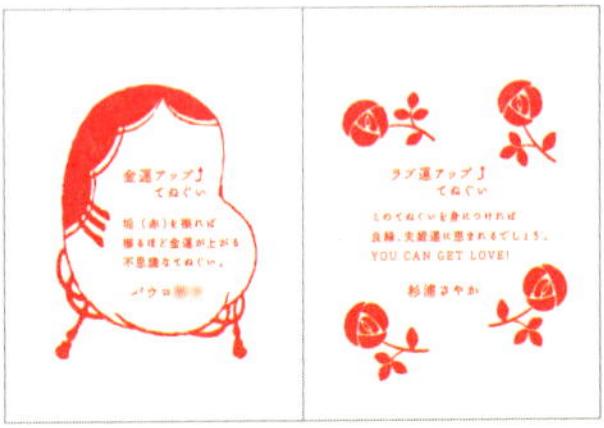

引き菓子

ネットでバラモチーフのお菓子を探し、見つけた「果匠 正庵」(広尾)のバラ最中。パッケージのかわいさも決め手に。

白がつぶしあん、ピンクがこしあん。

＊親族にはプラス、カタログギフト。

プチギフト

ギリギリまで決まらなかった、披露宴の最後に渡すギフト。「生活の木」のりんご酢とバラのハーブ酢飲料に。完全にジャケ買い(びんもカワイイ)。

しかし袋が……!

どす黒いエンジ×ブルー…

時間がなくて、Pに買ってきてもらった紙袋と飾り――。

招待客はP家親族と、杉浦家は遠方ということで家族だけが出席。友人は旅行がてらに来られる人だけだなぁ、と思っていました。ふたを開けてみると、フリーランスが多いこともあり、30名の友人が駆けつけてくれ、総勢50名の列席者となりました。遠くまで来てもらうのは心苦しかったけど、3〜4日かけて九州をまわった友人もけっこういて、ついでに楽しんでもらえたのがせめてもの救い。

友人からはご祝儀をもらわない分、引き出物代わりに記念品を渡しました。オリジナルの手拭いと、お菓子。どちらもテーマの「バラ」にこだわったもの。明確なテーマがあると、すべてが決まりやすくてよかったな。

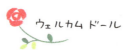

デコレーション

ウェルカムドール

会場の入口におく人形は、やっぱりこけし！
9月にお祭りで訪れた鳴子温泉で
お互いのこけしを絵つけ制作。

サーヤこけしが汚れてしまったため、リボンとお花で飾りつけ。
Pこけしには別珍リボンのマントを着せました。

ボール紙に金の色紙を貼って、屏風も工作。

ウェルカムフラワー

母さんが夜なべをして
…作ってくれた
パンフラワーのバラ。
宴の人数52人分＋予備
で80本はいったかも。
←多趣味な母

ウェルカムボード

イラストレーターの友人に文字を
描いてもらい、手持ちの額に
入れてバラの造花で飾りました。

ガムテープで貼ったら、
はがれてきてる！

ガーランド状の造花。
千駄木の「華工芸」で。

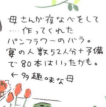

スライドショー

定番、やりました。ふたりのスライド・ショー。オープニングのための貼り絵を作り、絵コンテを添え、Pの友人の映像関係、Mくんに制作してもらった。

モーレツにこなす私と、なんでもゆっくり確実なP。

席札にふたりからのメッセージを書く。Pは私の5倍くらいかかって書きあげた。心、こめすぎ。

スタンプ押す人、紙を切る人……家庭内手工業。

全部を式場にお願いすると、紙袋ひとつにもお金がかかってしまう。キャンドルサービスやお色直し、芳名帳など、自分たちには必要ないと思うものをそぎ落としていきました。作れるものは作り、友達にも協力をお願いして……とやっているうちに、どんどんヒートアップ。結果的に、私たちらしい会場づくりができてよかった。

よく式の準備で大ゲンカ、という話を聞きますが、私の場合は得意分野だし、手作りしたいと言い出したのも自分。時間が厳しいこと以外、不満はありませんでした。その代わり旅の手配やカタログギフトの発注など、苦手なことは全部P担当。うまく割り振って乗り切りました。

睡眠時間を削り、やれるだけのことはやった。さぁ、本番です！

なにもかもがギリギリセーフ！
手拭いはホテルに送ってもらうから、向こうでラッピングして…スライドショーは当日の朝着で… エート……
式場に送る荷物

5 WEDDING DAY！

17:00
バイキングで家族食事会
S母
P父
P母
S兄
S
P
S義姉
P兄
S姉
P義姉
S甥
二日前にギックリ腰になった姉……！お祭り娘なのに。
イデデ…
日に二回整体に行き、なんとか来てくれた。
21:00
風呂あがりに母に感謝の手紙を渡す。
ハイハイ
お互いテレ屋なので、あっさり。
手紙書いたよ～
う～ん
姉
明日にそなえて、今夜は早寝。
7:00
11月12日土曜日、いよいよ当日の朝
いい天気～
友人や親族は昼前にやってくる予定。
午前中、Pは2次会用の買い出し、私は会場、進行の確認など。
ビールやつまみ…
母お手製のパンフラワーを並べる
飾りつけはホテルがやってくれるけど、微調整を…
昼はおにぎりですませる。
13:00
神前式用の紋付きと、白無垢の着付け開始！
Pはすぐ完成
提携美容室の先生&助手さん
メイク込みで70分の早業。白ぬりにはせず、ナチュラルめ。

エレベーターで、宿泊客と普通に乗り合う。
あら！おめでとー
身動きとれずロボットみたい
14:30
神社へ！
ロンドンタクシーと同じ黒のオースチン。参列者は小型バスで。
車で10分
幸せはこぶ
HATO TAXI
参列者に見守られながら本殿へー みんな揃ってるもんだから激しく動揺。
うわぁ、はずかしい！みんな見ないで…
母、いきなり号泣！（したらしい）
だって着物だと思わなかったからビックリして…
ドレスで来るわけないでしょ！
兄がすっごくやさしい顔で見ていてくれたことしか目に入らなかった。
父の代わりのつもりで臨んでくれたよう
15:00
式開始
P家
杉浦家
立ち見含め、約45名全員参列させてくれた。大らかというか太っ腹

玉串奉奠など、儀式はぶっつけ本番
三々九度は緊張した！でも頭の中はけっこう冷静。
巫女さん、若くてカワイイ
後半、P家の席へ。指輪交換もそこで行い、"嫁ぐ"という形式が濃いのが九州っぽい？
ブッ
固めの杯もこっちで…
この演出に杉浦家の女3人、号泣！つられて笑い泣き。
向かい合うとおかしくて…
厳かで、開放的で気持ちよくて… 神社で挙式できてよかった！
立派な夫婦杉
撮影タイム
親族の集合写真と、スナップ。
美容師助手さん
お友達、派手ねー。さすが東京！
ちょんまげ、アフロに
金太郎！
東京でも特殊と思います…
16:00
再びホテルへー
洋装にお着替え
カツラの下に仕込んでいたカーラー
事前にメイクリハーサルはなし。とにかく「濃くしないで」とお願い。はじめての"つけま"も！
17:30
披露宴の受付開始
4人の受付ガール
チェキY
チェキで写真を撮って、メッセージを書いてもらいました。
席次表
案内I
名簿H
会計K

あいまに撮影。プロにお願いしたのは、和装、洋装の2人＋親族写真の3カットのみ
マリアベール、グローブはドレスとセットでレンタル（P91）
長さの足りない、父の贈りもののパールネックレスは、縫いとめてもらった。
タキシードはこれ！
マトリックスにも見える…
スピーチを頼んだHちゃんがプレゼントしてくれた、サムシングブルーの下着と、ハンカチを身につけて。
サカ…
P…
Something 4 ✻花嫁が青いもの、古いもの、新しいもの、借りたもの の4つを身につけるとしあわせになれる、という欧米のいいつたえ。
18:00
新郎新婦入場
BGM ワーグナー「結婚行進曲」
神父とマリア…？コスプレのようだけど、仕上がりに悔いなし！
姉が作ってくれた花のブレスレット
靴だけ現地でレンタル
新郎新婦のあいさつから披露宴のスタート
広い会場を仕切って使用。
窓からは別府の街の灯りが…
司会
花嫁の顔を強力に照らすその子ライト
スナップ係をお願いしたPONちゃん
手前に2台P家テーブル、間に友人4台、奥がS家

テーブルはこんな感じ
席次表は表紙をつけ、スタンプ&書き文字
母作のバラ
お酒を飲みすぎないよう、そっと捨てるバケツが足もとに置かれるのですがー
テーブルクロスの下に…
ほとんど使いませんでした
母のバラを胸にさす人が多くて、うれしかった!
前半はなかなか人が来ず、「もっと飲みたい…」と思っていた
料理も目一杯堪能
友人に「こんなに食べる花嫁、はじめて見た」と言われた。
おいしい…!
ガツガツ
新婦友人スピーチは、大学から21年のつきあいのHちゃん
さやかの悪く言うとガサツ、よく言うと大らかなところと…
Hちゃんキレイ! 今日のナンバーワン美女!
母
ケンカした時のエピソードなど、正直で心のこもったスピーチ。
突然、友人K−
ワッ
Kちゃん
感動スピーチに声をあげて泣く!
Kちゃんは5年前の私の父の通夜でも、家族より号泣してた
おかげで泣き笑い

ケーキカットに……
式の進行役"キャプテン"が超いい人で、気持ちよかったナー
BGM メンデルスゾーン「結婚行進曲」
ファーストバイト
その時カメラはとらえていたー
一人だけ席で猛烈にがっつく甥っ子の姿を。
PON
高1→
だってスゲェうまいんだもん
いやホント、料理はよかった！
オマール海老ポワレ花嫁姿風
新郎友人・スピーチ
キューピッドJ・お姉様の式とかぶり、東京からちょうどかけつけてくれたところでスピーチ。
家族レベルに会ってるんで特に…
数年間、Pと同居していた後輩Tくん。愛にあふれたスピーチ。
Pさんは愛のある人です！
ケーキカットがすんで、ベールを取る。
後頭部にはつけ毛＋白バラ…
ちとさみしい…
生い立ち〜出会いのスライドショー
オープニングで絵を動かしてもらい、アニメ風に！
BGM「BEGIN」
THE MILLENNIUM
Pってやっぱりおもしろい…と思ったのが、写真のコメント
凄く可愛い
お母さんと一緒に可愛い
日本一可愛い
うーん。可愛い
…最初から最後まで「可愛い」のみ。
ソンケー
らしくないことをさせられても、結局笑いにもっていける
そしてすべり知らず。
ワハハ

余興① こけし仲間による、人形劇!
総勢14人!
劇団★こけしばい
木でできた人形。よく似てる!
P
S
テーブルをまわり、しばし歓談
キャンドルサービスをやらない代わりに…
余興② 新郎自ら、突然永ちゃんの「I love you, OK」を歌い出す
←ずっと顔マネ
間奏で踊らされる
当初「創作舞踏をしたい」と言うPを止めた
ワハハー
それはS義兄の花道づくりのパフォーマンス。真打登場!
あいさつの日の(P83)、義兄の永ちゃんのクオリティの高さに感動した、Pたっての希望で歌ってもらった。
自前の…永ちゃんタオル
ギックリ腰姉の夫です
みんなナプキン投げ、大もりあがり
曲はもちろん、「止まらないHa~Ha」
ちょっとひと呼吸。10日後に入籍予定のカップルに、ブーケ贈呈
イイフウフの日に入籍!

いよいよエンディング
まず私が亡き父のことをしゃべらせてもらい……
あがり性なのでカンペ。
新郎父あいさつ
ご覧のようにちょっと変わった子で…
インチキトークの下で、いいこと言ってた。
愛と夢さえあれば…
Pの嘘のような真のようなあいさつ。
20:00
新郎新婦退場
即興でしたが、動きがぴったり合ってたそう。
あまりの楽しさに踊りながら…
BGM「世界は二人のために」
20:15
お見送り
プチギフト(P107)を渡しつつ…
子どもにはチョコレート
たくさん笑ってもらって、しあわせな夜でした。ホテルの対応もあったかで、いろいろ胸いっぱい。
一番楽しんでいた…
22:30
温泉で汗を流したあと、スイートルームで二次会
24:30
完全復活したS姉の先導で街のカラオケ店へ！
タクシーでのりつけたそう
行くぞッ
私は撃沈
兄の式の二次会でも、お立ち台で山本リンダを熱唱してた
翌日はこうでしたが……。
うーん痛い…
END★

なれそめコラム6

結婚式にて

文中のEちゃん、
Rさんの結婚パーティー。
出会いから2年で
ゴールイン＊
アンティークドレスと
ミつ揃えに
キッチュなアクセサリーが
かわいかった。

私のまわりには、友人の結婚式で伴侶と出会った人が4人います。まずはわが姉。二次会で同じテーブルになり、三次会でべろべろに酔った義兄を、同じ方向だった姉がタクシーで送ったのが縁。翌日にお詫びの電話がかかってきて、結局出会って3回目で結婚が決まったという電撃っぷり。Hちゃんは、披露宴の受付をふたりでやったのがきっかけ。これは、合うんじゃないかという新郎新婦のはからい。

そしてEちゃん（当時27歳）の場合。式、披露宴と参列して、二次会へ。知り合いは、久しぶりに会った同級生Aくんがいただけで、会場の一番後ろでひっそりと飲んでいました。二次会が終わって帰ろうとしていたら、Aくんに「仲間内で飲むからEも来いよ」と誘われました。なんとなく行ってみたら、斜め前の席にいたのが現夫のRさん。それまで存在にも気づいていなかったのだとか。お互いお酒が入り、家に帰ったら顔も思い出せないくらいだったけど、その場にいた姉御肌の女性が、ふたりに名刺交換をさせていました。嫌いなタイプではなかったので、メールアドレスも交換。

　Eちゃんが帰ったあとも4次会になだれ込んだRさんは、その日のうちにちゃんとメールをくれました。Eちゃんの職場がRさんの家の近くだったので、すんなり1週間後に飲むことに。連絡先を交換してもたいていは社交辞令で終わるから、本当に誘われると思ってなかったEちゃん。男の人とふたりで飲むのは久しぶりだし、相手は11歳も上だし（彼はバツイチ）、とドキドキ。ところが話はけっこう盛り上がり、その日は2軒ハシゴ。またすぐにメールが来て、1~2週間に一度のペースで飲む仲に。久しぶりの恋の気配だったEちゃんは逐一友達に報告しており、「出会って2カ月以内に何か起きないと、ただの飲み友達になるよ」と忠告されました。

　そのうちRさんの仕事が忙しくなり、ドタキャンが2回続いた時、なんだか胸がザワザワ。埋め合わせに映画を観に行ったのが、初の昼デート。「大人のデート」を期待していたら、予定していた店が休みだったり貸し切りだったり、途中で彼の友達が乱入したり。散々なデートを愚痴った友達に、「惚《ほ》れてるね」と指摘されて、ようやく自分の気持ちに気づきました。「久しぶり過ぎて、感覚が鈍っていたよ」。そうなるとまっしぐら、のEちゃん。次に会った時に、「私のことどう思ってるんですか？」とド直球。すぐにお付き合いがはじまりました。

　硬派で無口なRさん、やるなぁと思っていたら、最初に会った時に「笑顔がかわいいなぁ」と思っていたのですって。確かに、Eちゃんは顔をくしゃくしゃにして笑う、とびきりの笑顔の持ち主。結婚式が出会いの知人・4人目のFちゃんも、彼女といえば「笑顔」というくらいの人。Fちゃんも知り合いの少ない結婚式での出会いでした。結婚式での出会いは、「笑顔」と「アウェー」がキー?!　私の姉も人懐っこさは天下一品だし、やはりアウェーの結婚パーティー。今までたくさんのパーティーに出てきたけど、仲間同士で固まって、全然ほかの人たちと交流するチャンスがなかったもんな。

　しあわせが連鎖していく、素敵ななれそめです！

ふたりぐらし
結婚するまで、ひとり暮らし歴21年!! 家族以外と住んだことなし。好き勝手に暮らしてきたぶん、同居開始前は不安でいっぱい。
おかえり~
大学から親元を離れ、10年間京都で暮らす。兄や友達、時には複数人と同居。うまくいってるのは、同居の達人・Pのおかげかな?
家事
料理上手なのがなによりありがたい。昼はP、夜は私担当。
できる時は手伝って料理を習う……。何も見ずに作るPと、レシピを見ながら計って作る私。
計りながら作ると覚えないよ
ヘーイ
料理はできるけど、自信がない!
Ⓟはパスタや一皿がっつり料理。
酢豚
鶏の吸い物
+昨夜の残り物
㊙は煮物、惣菜系。
煮びたし
にらと豆腐のハンバーグ
みそ汁
Pは夜は家で食べないことも多く、サボることも…。
そうじ洗濯はほぼ私。徹底的にやらないと気がすまないから。
←手作ってくれるけど、片付けは苦手。

仕事

人と暮らして、仕事に集中できるかが一番心配だったけど、午後から深夜まで1人なので、問題なし。

一方Pは店でも料理。

飲み屋？ イベントスペース？ 占い、塾……とナゾの店を共同経営。

お金

今のところ完全に財布は別。家賃なども振り分けて支払い。

買い物も気づいたほうが買い足す。

生活リズム

たっぷり睡眠、たっぷりぼんやりのPの影響で、私も少しのんびりするようになったかも……。

定番ポーズ↓

最初はせかしてたけど、どうしても必要みたい。でもあんまり長いと、せかす。

友達

友達がふえたのはうれしい。家飲みが好きなPは、人を招いては料理をふるまう。

山盛りのからあげなど…

私はサブのサラダとか。

趣味

共通してこけしが好き、というのはやはり楽しい。

Pはマニアの域ですが…

おもに戦前のこけし。一本ずつ包み、決して陽に当てない（退色するから）

フフフ

私はお気に入りをバンバン飾る派。

一緒に旅した東北で買いためたこけしたち

好きなもの

二人とも古いもの、かわいいもの、安いものが好きで趣味は近い。決定権は私だけど……。

例えば飾り棚

Pがメキシコで買った宗教絵
Pのアンティークの花器
PのP58の手作りびん

コストパフォーマンスを追求するPが選ぶ旅（国内）の宿は、ロシアンルーレットばりのスリルが味わえる。

←ハズレの場合

あれ？
20代だったら泣き出してる

でもゴハンはおいしかった。

ケンカ

同居9カ月目のある日。家を出る前の言い争いから、外出先でもずーっと怒るのをやめなかった私。

だってそっちが悪いよ！
しつこいヘビ女
……
↑可哀想……

するとPは腹痛をおこして、しばらく心を閉ざしてしまった。この一件で大反省してからは、ほぼケンカもなくなりました。

けっこうヤバかった
バカバカ！

ゴメーン♡

たいがい満面の笑みであやまってくれる。ありがたや。調子にのっちゃいけませんね、つくづく……。

あとがき

「結婚がしたい！」というより、
「ずっと一緒に生きていける人に出会いたい」が本当の気持ちで、
それができずに悩みもがいた日々。
取材をきっかけに「恋愛と結婚」について考えるうちに、
徐々に沈静化していったのが
「あせり」という自分で自分の首をしめる魔物でした。

気軽に連載をスタートしてしまったけど、
「恋愛」ほど自分がみっともなくなるものもありません。
同時に、人生を彩るそれは楽しいもの。

ゴールだと思い込んでいた結婚も、
「ずっと一緒に生きていく」には相当の努力が必要なことでした。
でもはじめて、心底努力したいと思える相手ができたことは
このうえなくありがたいこと。
苦しかったこともかっこ悪い自分も、
ずっと忘れずにいたいものです。

恋愛・結婚について
話を聞かせてくれた
友人の皆様に感謝！
赤裸々トークに
お付き合いくださった
読者の皆様。
ありがとうございました

SHOP LIST

petite robe noire 恵比寿本店
◆ p90
東京都渋谷区東3-26-3
恵比寿フラワーホーム 小林ビル506号室
TEL.03-6662-5436
12:00～20:00
火曜定休
http://www.petiterobenoire.com/

uka恵比寿三越 ◆ p93
東京都渋谷区恵比寿4-20-7恵比寿三越1F
TEL.03-6450-4306
10:00～20:00
店舗休業日は恵比寿三越に準ずる
（1月1日、2日は休業）

資生堂サロン＆スパ銀座 ◆ p96
東京都中央区銀座3-2-15
ギンザ・グラッセ4F
TEL.0120-36-0487
11:00～21:00

Tools（トゥールズ）◆ p104
東京都新宿区新宿3-38-1
ルミネエスト 6F
TEL.03-3352-7437
11:00～22:00（土日祝10:30～21:30）

ユザワヤ キラリナ京王吉祥寺店 ◆ p104
東京都武蔵野市吉祥寺南町2-1-25
キラリナ京王吉祥寺 8・9F
TEL.0422-79-4141
10:00～21:00

シモジマ 浅草橋本店 ◆ p104
東京都台東区浅草橋1-30-10
TEL.03-3863-5501
9:00～18:30（日祝10:00～17:30）
不定休

ハピネスバード ◆ p105
http://happiness.raindrop.jp/info/stamp.html

レトロ印刷 ◆ p105
http://jam-p.com/

神野織物 ◆ p106
http://www.e-kanno.com/
TEL.0120-941-011

果匠 正庵 ◆ p107
東京都渋谷区広尾1-9-20
TEL.03-3441-1822

生活の木 ◆ p107
http://www.treeoflife.co.jp/

華工芸 ◆ p108
東京都文京区千駄木2-11-16
パロス千駄木101
TEL.03-5815-8781

静山荘　宿坊橋本 ◆ p10
東京都青梅市御岳山43
TEL.0428-78-8445
http://www.seizan.gr.jp/

筋トレ（石井ゆかりさん）◆ p20
http://st.sakura.ne.jp/~iyukari/
（毎週金曜更新）

結婚相談所ライフ&バリュー ◆ p27
http://www.life-value.co.jp/

株式会社スマイルボイス
（倉島麻帆さん）◆ p28
http://www.kurashimamaho.com/

PARTY☆PARTY ◆ p33
http://www.partyparty.jp/

月読寺 ◆ p39
神奈川県鎌倉市
稲村ガ崎2-10-27
http://iede.cc/t/

東京大神宮 ◆ p42
東京都千代田区富士見2-4-1
http://www.tokyodaijingu.or.jp/

出雲大社東京分祠 ◆ p43
東京都港区六本木7-18-5
http://www.izumotaisya-tokyobunshi.com/

メールマガジン
「新月のアファメーション」◆ p46
http://archive.mag2.com/0000131552/index.html

はとバス ◆ p59
TEL.03-3761-1100
8:00～20:00（予約センター）
http://www.hatobus.co.jp/

キャメロットヒルズ ◆ p77
埼玉県さいたま市北区別所町36-3
TEL.048-661-6222
火曜定休（祝日は除く）
11:00～19:00（土日祝10:00～20:00）
http://camelot-hills.com/

明治記念館　予約センター ◆ p79
東京都港区元赤坂2-2-23
TEL.03-3403-1177
11:00～19:00（土日祝10:00～）
http://www.meijikinenkan.gr.jp/

別府温泉 杉乃井ホテル ◆ p82
大分県別府市観海寺1
TEL.0977-24-1141（代表）
http://www.suginoi-hotel.com/

プリンセスガーデン・ヨコハマ
〈ロイヤルプリンセス〉◆ p85
神奈川県横浜市中区寿町2-6-10
TEL.045-681-3152
10:00～19:00
木曜定休（祝祭日は営業）
http://www.princess-garden.net/

スタジオ　マリオネット ◆ p88
東京都渋谷区神山町40-1
TEL.03-3465-7870

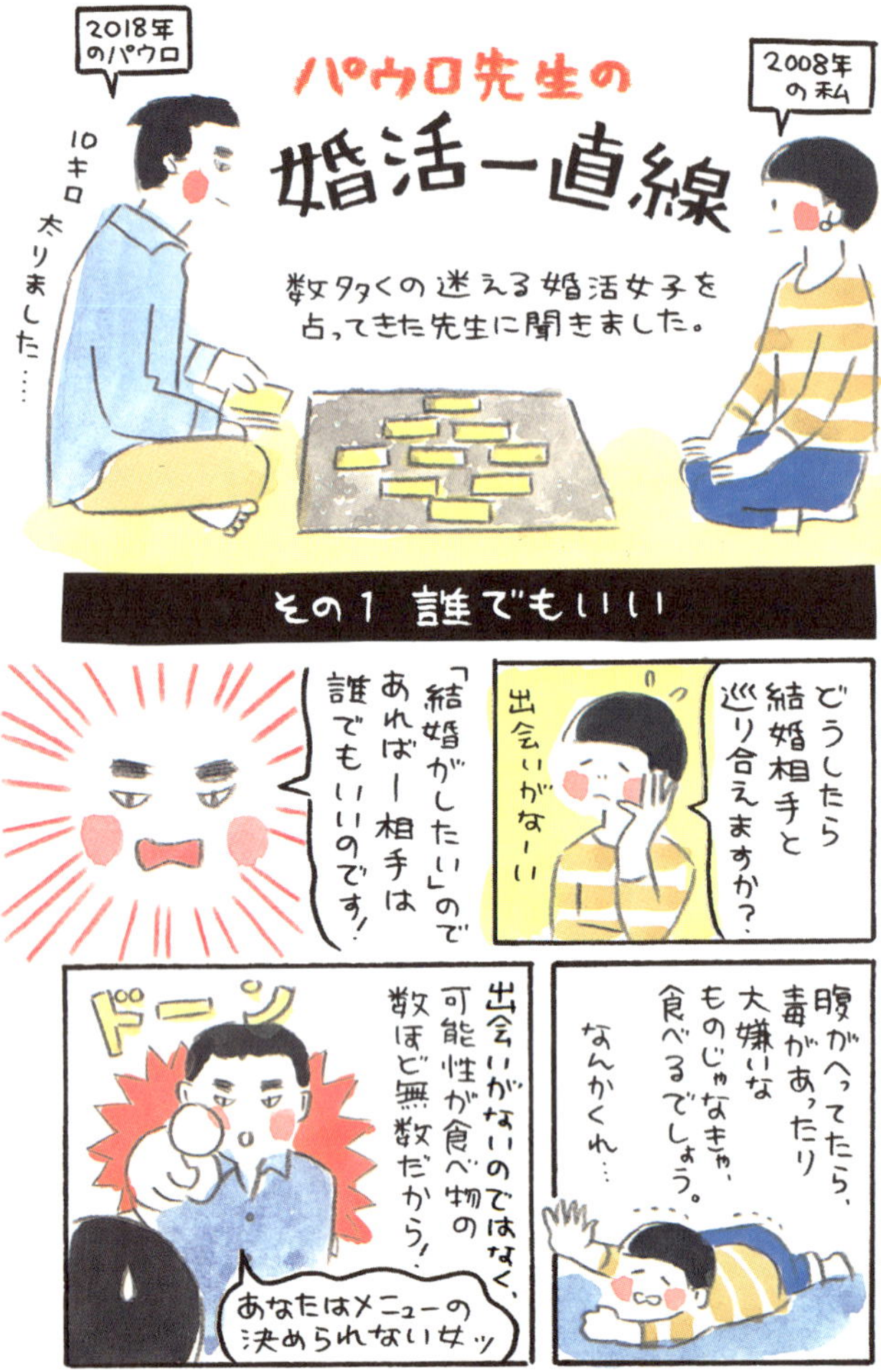
パウロ先生の
婚活一直線
2018年のパウロ
10キロ太りました……
2008年の私
数多くの迷える婚活女子を占ってきた先生に聞きました。
その1 誰でもいい
どうしたら結婚相手と巡り合えますか？
出会いがなーい
「結婚がしたい」のであれば一相手は誰でもいいのです！
腹がへってたら、毒があったり大嫌いなものじゃなきゃ、食べるでしょう。
なんかくれ…
出会いがないのではなく、可能性が食べ物の数ほど無数だから！
ドーン
あなたはメニューの決められない女ッ

11時半〜14時のランチタイムに2時間も迷っていたら、閉店時間になりますよ。
なにを食べていいかわからない……
ウロ
ウロ
もしこれが友人だったら言うでしょう？
どこでもいいから入んなよッ
もー
客観的に考えるのです。
「誰でもいい」は極端だけど、相手がいっぱいいることは認識してください。
ハイ……
その2 恋愛にとらわれるな
やっぱり結婚は好きな相手とじゃないと……
その必要はまったくありません
大恋愛の末、すぐ離婚することもあるでしょう。結婚は、してみないとわからないもの。
ひと昔前はお見合いがあたり前！
とにかく街に出て、食堂が目につく状態にする。
高級
味がある
おしゃれ
好みもあるし、味は入ってみないとわからない……

あなたの周りにもいませんか?
食べログを見ないと店に入れない人
ハイ！
めちゃくちゃ見ます
適当な店に入って、うまかったという経験が足りないから！
まずは目をきたえる
む、あの店(人)匂う…
たとえの話ですがたしかに…
ボロ
ラーメ
あの店うまそう
エーッ
ヤダッ
↗うまかったことは多々
私にとってのPは、今まで絶対に足をふみ入れなかったタイプの店。
パウロの館
カレー
安い
うまい
で、入ったら食べたいものが出てきた
好きな人がいるなら今すぐ伝える。ダメならとっとと次にいく。
これは私も声を大にして言いたい
三十路以降の片想いは手短かにッ
誰もいないなら誰でもいいでしょう!
ネ、ほら!
納得するようなしないような…
う〜ん
その3
戦略を立てる
気になる人が現れたら、相手が動いてくれることは0%と思ってください。
知人で今までなにもなかったならそういうこと

結婚も仕事も城攻めも、目標が決まったらー
今度は城……
まずは作戦を立てましょう。
城の情報を集め、自分の戦力を考える。
愛
手持ちの武器、今までの敗戦パターン……
ノートと対話！
自分の戦力で落とせる城かの見極めも大事。
いきなり姫路城とか…
練習感覚でどんどん攻めてみよう。
ドーン
愛
動いてしか得られない答えというのはある
食べることに比べたら、必死さが足りないかも？
飢え死にする！くらい真剣に取り組みましょう。
結婚生活は相手で変わるのではなく、ほとんどのことは自分次第。
条件を並べるのは、それを自分が持っていないということでは？
うーん、そう…かナ？
とにもかくにもー
行動せよ！

パウロ先生によると「出会いがない」という相談は、占いでもよくあるのだそう。出会いがない＝動いていない、ということが多いので、「なんでもいいから行動する」は必ず言うこと。知人の中から考える、紹介を頼む、婚活サイトに登録する。そう、案外知り合いの中に未来の伴侶がいるかもしれません。私もこの本の連載中には知り合っていて、まったく考えも及ばなかった相手でしたから。

そしてまずは本当に結婚したいのか、どれだけしたいのかじっくり考えることを勧めるそう。「お腹がそれほどすいていないのに、本気で食い物を探せないでしょう」と。それなら無理に焦る必要はないし、したいのであれば、本気を出して取り組まなければなりません。出会いは寝て待っていても、降ってこないもの。

①「誰でもいい」②「恋愛にとらわれるな」は、私も実践したこと。連載がはじまるとともに、本気で取り組んだ「出会い」。自分に合う人がまったくわからなくなっていたので、とりあえず

きた波に乗ってみることにしました。飲み会で出会った人、その人にふられたあと紹介してもらった人。それぞれ自分からごはんに誘いました。③「戦略を立てる」の冒頭で触れているように、伴侶と出会いたいのは私なのだから、自分で動くしかない。それまでは似たような生活圏の人としか付き合ったことがなかったけれど、まったく触れ合ったことのないタイプの2人。ほんの短い交流だったけど、まぁ、これが勉強になった。自分がどんな人間であるか、相手に何を求めているのか、この経験がなければ見えてこなかったと思う。それまでは「好き」にとらわれすぎて、冷静に見られなくなっていたのだと思います。

今までうまくいかなかったのなら、まずは自分の中の固定観念をひっくり返してみる。「誰でもいい」は極論だけど、「無理じゃない」ところから異性を見てみれば、可能性はぐっと広がるはず。肩の力を抜いて、外に出ましょう！　この本を読んでくださった婚活中のあなたに、心からエールを贈りたいです。

本書は、2012年11月に小社より単行本『レンアイ滝修行』として刊行されたものを改題のうえ、加筆・修正したものです。
＊本文中の価格などの商品情報、事実関係などは連載当時のものです。変更されている場合もあります。

祥伝社黄金文庫

結婚《けっこん》できるかな？―婚活滝修行《こんかつたきしゅぎょう》

平成30年6月20日　初版第1刷発行

著　者　杉浦《すぎうら》さやか
発行者　辻　浩明
発行所　祥伝社《しょうでんしゃ》
〒101－8701
東京都千代田区神田神保町3－3
電話　03（3265）2084（編集部）
電話　03（3265）2081（販売部）
電話　03（3265）3622（業務部）
http://www.shodensha.co.jp/

装　丁　こやまたかこ

写　真　金子睦 P103、105、106（手拭いとカードを除く）、107、
108（左）、109（上）
別府杉乃井ホテル P104
著者提供（上記以外）

印刷所　萩原印刷

製本所　ナショナル製本

Printed in Japan　© 2018, Sayaka Sugiura　ISBN978-4-396-31734-8 C0195

祥伝社黄金文庫

杉浦さやか　ベトナムで見つけた　かわいい・おいしい・安い！

人気イラストレーターが満喫した散歩と買い物の旅。カラーイラスト満載で贈る、ベトナムの楽しみかた。

杉浦さやか　よくばりな毎日

『シティリビング』の人気連載が、まとまりました！　杉浦さやか流・毎日を楽しむヒントがいっぱいの一冊。

杉浦さやか　わたしのすきなもの

今日はなにをしようかな。あなたに「ぴったり」な日々の過ごし方を教えてくれる小さなエッセイ集。

杉浦さやか　道草びより

ちょっと寄り道するだけで、「毎日」が変わります。道草の中で見つけた小さな出来事を綴ったイラストエッセイ。

杉浦さやか　ひっこしました　わたしの暮らしづくり

荷づくり・家具探し・庭仕事・収納……「ひっこし」レポート。書下ろし「再びひっこしました」も収録！

甲斐みのり　京都おでかけ帖

京都に憧れ、移住した著者が綴る「かわいい」「おいしい」「美しい」京都。四季折々、12カ月にわけて紹介。